Axel Schmidt

Predigtreihe über das Glaubensbekenntnis

Axel Schmidt

Predigtreihe über das Glaubensbekenntnis

Fromm Verlag

Imprint
Any brand names and product names mentioned in this book are subject to trademark, brand or patent protection and are trademarks or registered trademarks of their respective holders. The use of brand names, product names, common names, trade names, product descriptions etc. even without a particular marking in this work is in no way to be construed to mean that such names may be regarded as unrestricted in respect of trademark and brand protection legislation and could thus be used by anyone.

Cover image: www.ingimage.com

Publisher:
Fromm Verlag
is a trademark of
International Book Market Service Ltd., member of OmniScriptum Publishing Group
17 Meldrum Street, Beau Bassin 71504, Mauritius

Printed at: see last page
ISBN: 978-613-8-35040-8

Inhaltsverzeichnis

1. Teil: Einführung

Liebe Gemeinde!

Ich habe lange darüber nachgedacht, ob es nicht vielleicht sinnvoll sein könnte, unser Glaubensbekenntnis einmal näher in den Blick zu nehmen. Ich meine, ja, und darum möchte ich hiermit eine Predigtreihe hierüber ankündigen. Sie wird schon einige Wochen beanspruchen, aber Sie können mir ja jederzeit mitteilen, ob ich Ihnen damit auch etwas sage, was Sie interessiert und was Ihnen hilft.

Zunächst der Hintergrund dieser Idee. Ich beobachte schon seit langem, wie schwer es vielen Christen in der heutigen Zeit fällt, am überlieferten Glauben festzuhalten. Da gibt es gleich mehrere Anfechtungen und Schwierigkeiten. Ich zähle zunächst einmal die wichtigsten auf:

Da ist das Problem, wie der Glaube der Kirche sich in unser Weltbild einfügt. Ist er vielleicht überholt oder gar von den Wissenschaften widerlegt?

Dann gibt es eine Spannung zwischen dem Glauben als persönlicher Bindung an Gott und dem Glauben, so wie er von der Kirche vorgelegt wird. Viele sehen den kirchlichen Glauben als Problem und ziehen sich gern auf einen subjektiven Glauben zurück.

Des weiteren werden viele, besonders ältere Menschen verunsichert durch die Veränderungen, die unsere Kirche in den letzten 35 Jahren erfahren hat. Wenn so Vieles anders ist, gelten dann überhaupt noch die Katechismuswahrheiten, die man früher auswendig gelernt hat? Kann und muß nicht alles neu ausgelegt werden?

Damit hängt ein weiteres zusammen: In jeder Gemeinde leben Menschen nahe zusammen, die durchaus gegensätzliche Meinungen haben. Es gibt kaum einen Konsens, auch nicht in religiösen Fragen. Das war aber vor einer Generation keineswegs der Fall. Da war gerade der gemeinsame Glaube das Verbindende. Jeder konnte sich getragen fühlen vom Glauben der anderen. Wenn nun diese Sicherheit weggefallen ist, bedeutet das aber, daß der einzelne sich ständig angefochten fühlt vom Unglauben der Anderen oder von ihren Zweifeln und kritischen Fragen.

Über all diese Schwierigkeiten wird kaum geredet. Sie stehen nicht im Zentrum der Aufmerksamkeit, aber sie sind der beständige Untergrund für so manches Unbehagen und die Krise unserer Kirche. Die Kirche, d.h. die Bischöfe und mehr noch die Priester zusammen mit den ehrenamtlichen Mitarbeitern haben auf dieses Unbehagen bisher weitgehend reagiert, indem sie einzelne Aktivitäten der Kirche besonders in den Vordergrund gestellt haben und darauf vertrauten, daß sich so die Glaubenspraxis indirekt bewährt: Wenn so viel Gutes im Namen Gottes und seiner Kirche geschieht, dann muß da ja etwas dran sein!!

Der Gedanke ist sicher richtig, aber er genügt nicht, jedenfalls nicht mehr. Die Erfahrung hat gezeigt, daß trotz der vielen Bemühungen der Glaube immer diffuser wurde und mittlerweile in der jungen Generation fast verdunstet ist. Ich meine, das liegt daran, daß man das eigentliche Problem nicht ehrlich erkannt oder benannt hat: die oben gestellten Fragen werden nur ganz selten und meistens ausweichend angesprochen. Es wird ein Optimismus verbreitet, dem eine realistische Wahrnehmung fremd ist.

Darum möchte ich heute und an den kommenden Sonntagen explizit die Fragen aufgreifen. Freilich spreche ich damit erst einmal den Verstand an; ich weiß, daß der Mensch mehr ist als sein Verstand, aber nur ein Glaube, der vor der Vernunft verantwortet ist, kann auf Dauer Bestand haben.

Die Frage, wie sich unser Glaube mit dem wissenschaftlichen Weltbild verträgt, werde ich am übernächsten Sonntag erörtern. Heute möchte ich das kleine Sätzchen „Ich glaube an Gott" analysieren und fragen, was wir eigentlich tun, wenn wir so etwas aussprechen.

Wie es scheint, gibt es in der Bundesrepublik immer noch eine Mehrheit, die das sagt: „Ich glaube an Gott." Für viele besagt dies aber nicht eben viel; sie haben eine diffuse Vorstellung, daß es jenseits der sichtbaren Welt noch etwas Anderes geben muß, eine Macht, die darüber steht. Wenn sie sagen „Ich glaube...", dann sagen sie nicht mehr als: „Ich nehme an, ich könnte mir vorstellen...." Für ihr Leben hat das weiter keine Bedeutung. Sie werden auch nicht beunruhigt durch Menschen, die sagen: Ich nehme das nicht an, ich glaube nicht oder ich glaube nur, was ich sehe. In ähnlicher Weise können zwei Mediziner verschiedener Meinung darüber sein, ob ein bestimmtes Krankheitssymptom durch einen unbekannten Erreger ausgelöst wird oder durch eine interne Ursache. Wenn der eine sagt: „Ich glaube an einen externen Erreger", dann nimmt er an, daß man diesen vielleicht nachweisen wird; aber wenn man es nicht kann, dann ist es für ihn auch okay.

Offensichtlich ist dieses Modell für den Glauben absolut unpassend. Ich glaube nicht so an Gott wie ein Mediziner einen noch unbekannten Erreger vermutet. Im Gegenteil: Mein Glaube setzt eine gewisse Bekanntschaft mit Gott voraus. Er ist eine Antwort auf eine Offenbarung, die Gott uns gemacht hat. „Ich glaube an Gott" ist keine sachhafte Aussage, sondern ein persönlicher Akt, der auf eine Person, nämlich Gott gerichtet ist. Ich meine damit: „Ich glaube dir, Gott, und ich glaube das, was du mir sagst. Ich baue auf dich, ich setze mein Leben auf dich." - Und wenn ich das so verstehe, dann werde ich allerdings doch sehr beunruhigt, wenn andere Menschen in meiner Nähe diesen Glauben nicht mit mir teilen.

Wahrscheinlich spüren einige von Ihnen jetzt Widerstand aufkommen. Lassen Sie diesen Widerstand zu, aber bitte in der Offenheit, meine Gründe für das Gesagte zu verstehen. Ich will ja gern die Zweifel aus dem Weg räumen, die sich diesem Verständnis vom Glauben entgegensetzen. Der Hauptzweifel besteht vermutlich darin, wie das zugehen soll, daß wir Gott schon kennen müssen, um an ihn zu glauben. Glauben heißt doch gerade nicht wissen, oder? - Das stimmt, aber so ausgedrückt, bleibt es noch mißverständlich. Man könnte es so verstehen, als wäre der Glaube fehlendes oder unvollständiges Wissen, eine Theorie, deren letzte Vergewisserung noch aussteht. Aber so ist es gerade nicht: Glauben ist eine andere, vom Wissen unterschiedene Weise, der Wirklichkeit zu begegnen, und zwar der Wirklichkeit, von der alles andere abhängt, der Wirklichkeit Gottes. Ich kann nämlich durchaus etwas über Gott wissen, ohne an ihn zu glauben, so ähnlich wie ich einen Menschen recht gut kennen kann, ohne an ihm interessiert zu sein.

Machen wir mal ein Gedankenexperiment: Nehmen wir an, es gebe einen Wissenschaftler, der soviel Wissen gesammelt hat, daß er mit absoluter Gewißheit sagen kann, daß diese Welt von einem jenseitigen Gott geschaffen worden ist; und weiter: daß kein Dokument treffender als die Bibel über diesen Gott spricht. Dieser Wissenschaftler weiß damit eine ganze Menge über Gott - mehr als alle Theologen zusammen, aber das heißt nicht, daß für ihn der Glaube sich in Wissen aufgelöst hat; es heißt noch nicht einmal, daß er ein gläubiger Mensch sein muß. Es kann sein, daß er mit seinem Wissen eine ganze Menge Geld verdient oder sich hohes Ansehen verschafft, und es kann sogar sein, daß er einst, wenn er stirbt und Gott begegnet, vor Gott flieht, weil es ihm unangenehm ist, eine so enge Bekanntschaft mit IHM einzugehen.

Natürlich weiß keiner von uns soviel von Gott wie dieser Mann im Gedankenexperiment. Und dennoch behaupte ich, daß jeder von uns Gott so weit kennt oder jedenfalls kennen könnte, daß der Glaube an ihn nicht völlig blind ist. Negativ ausgedrückt heißt das: Wer Gott in keiner Weise erfahren hat, kann auch nicht an ihn glauben. Aber, und darauf kommt es an: Diese Erfahrung ist selbst noch nicht der Glaube, sondern nur seine Voraussetzung.

Doch nun stellt sich mit Macht die Frage: Wie und wo kann ich etwas von Gott erfahren und Gott so kennenlernen? - Ich antworte: Jeden Tag, wenn man will. Ich erfahre Gottes Nähe im Gebet, im Gottesdienst, in der Lesung der Heiligen Schrift, im Dienst am Anderen, in der Liebe, die andere mir schenken, in der Schönheit der Schöpfung usw. Nicht zuletzt erfahre ich Gott auch in den vielfältigen Aktivitäten der Kirche. -

Aber, so könnten Sie mir entgegenhalten: das sind doch keine echten Erfahrungen der Nähe Gottes, ich deute sie vielleicht so; ich könnte sie auch ganz anders deuten. - Das gebe ich zu. Die genannten Erfahrungen können so und so gedeutet werden. Aber nicht jede Deutung ist gleich angemessen, im Gegenteil: manche Deutungen sind ganz und gar unangemessen. Wenn mich ein Mensch z.B. anlächelt, ist das eine Erfahrung, die ich etwa so deuten kann: dieser Mensch will mir wohl, er teilt mir etwas von seiner Freundlichkeit mit. Ich könnte auch so deuten: Dieser Mensch verstellt sich, er will mich unterschwellig manipulieren. Ebenso kann ich eine religiöse Erfahrung nachträglich verschieden deuten: Beim Weltjugendtag in Rom machten viele Jugendliche eine Erfahrung der Nähe Gottes; manche von ihnen sagen: hier hat sich mir Gott von einer seiner vielen gütigen Seiten gezeigt. Andere dagegen erwecken den Zweifel: Warum läßt sich Gott nicht immer so unmittelbar erfahren? Und sie kehren in den Alltag zurück, ob als nichts gewesen wäre...

Als die Jünger am Ostertag Jesus wiedersahen, war auch dies eine Erfahrung, die einer Deutung bedurfte. Das sehen wir am deutlichsten an der Reaktion des Thomas. Er sagt nämlich zu Jesus: „Mein Herr und mein Gott!" Das war sein Glaubensbekenntnis: „Du, Jesus, bist es, auf den ich fortan mein Leben setze. Dir will ich glauben." Und Jesus entgegnet ihm: „Weil du mich gesehen hast, glaubst du. Selig, die nicht sehen und doch glauben." Offensichtlich ist diese Bemerkungen auf uns gemünzt, die wir Jesus nicht sehen können. Gott ist unsichtbar, und auch die Apostel haben Gott nicht gesehen, sondern nur Jesus, der von sich gesagt hat: „Wir mich gesehen hat, hat den Vater gesehen." Diesem Wort haben sie Glauben geschenkt, und so waren sie die ersten gläubigen Christen. Wir aber sehen nicht einmal Jesus. Sind wir also in einer schlechteren Lage als die Apostel? - Ja und nein. Einerseits schon: Denn die Persönlichkeit Jesu war offensichtlich überaus strahlend und vertrauenerweckend, und insofern mußte der Umgang mit IHM den Glauben erleichtern. Andererseits aber auch nicht: Denn auch heute gibt es strahlende und überzeugende Christen, die wir sehen können und die zum Mitglauben einladen. Ja, in gewisser Weise sind wir sogar in einer besseren Lage als die Apostel, weil wir die ganze Kette der Zeugen kennen, die Jesus in 2000 Jahren glaubend gefolgt sind. Wir sehen, was die Jünger nicht sahen: Wie sich sein Gleichnis vom Senfkorn bewahrheitet hat, wie aus einer winzigen Schar eine riesige Kirche gewachsen ist. Wir haben viel weniger Zweifel als die ersten Christen, ob Jesus vielleicht bloß ein

Spinner oder Träumer war.

Gewiß: Uns bedrängen andere Zweifel als die Menschen damals. Über einige werde ich an kommenden Sonntagen sprechen. Aber was ich für heute festhalten möchte, ist dies: Diese Zweifel sind überwindbar. Wir haben ausreichend positive Erfahrungen, die uns helfen, an Gott zu glauben, als den, der sich in Jesus offenbart hat. Mehr als die möglichen Zweifel bedrängt uns heute aber eine allgemeine Unentschlossenheit und Gleichgültigkeit gegenüber der Frage nach der Wahrheit.

Wenn junge Menschen in einem solchen Klima aufwachsen, haben sie kaum eine Chance, den Glauben zu erwecken und zu bewahren. Ihnen wird vielmehr die Angst vermittelt, man werde sich verlieren, wenn man sich bindet. Und so bleiben viele bei den wechselhaften Erfahrungen stehen und gehen nicht über sie hinaus, fragen nicht nach ihrem Grund und kommen so gar nicht erst zum Glaubensakt wie Thomas: „Mein Herr und mein Gott!"

2. Teil: „Glaube befreit" (Weltmission)

Liebe Gemeinde!

Der heutige Weltmissionssonntag bietet sich förmlich dazu an, die Predigtreihe über das Glaubensbekenntnis fortzusetzen. Am letzten Sonntag habe ich das kleine Sätzchen „Ich glaube an Gott" näher analysiert und dabei u.a. dargelegt, daß der Glaube eine Antwort auf Gottes Offenbarung ist, die Bejahung seiner freien Mitteilung an uns Menschen. Heute steht das Motto des Weltmissionssonntages im Mittelpunkt meiner Ausführung: „Glaube befreit".

Wenn ein Christ aus Indien, aus dem Sudan oder aus Lateinamerika diesen Satz hört „Glaube befreit", dann wird er wahrscheinlich kräftig zustimmen und allerlei Erfahrungen aufzählen können, die den Satz bestätigen. Ein moderner Westeuropäer hingegen wird vermutlich den Kopf schütteln und denken: „Was soll denn der Blödsinn?!" - Wie kann man diese unterschiedliche Reaktion begreiflich machen?

Fast alle Menschen verbinden mit dem Begriff Freiheit u.a. die Befreiung von Unterdrückung. Wir Westeuropäer haben jedoch die Befreiungskämpfe schon lange hinter uns: In vielen tränenreichen und teilweise blutigen Auseinandersetzungen hat sich Westeuropa von seinen Unterdrückern befreit: von den absolutistischen Fürsten, später von den kapitalistischen Ausbeutern, schließlich sogar von den sexistischen Männern. Die modernen Demokratien sind die Errungenschaft Jahrhunderte langer Bemühungen und Kämpfe.

Dieser Freiheitskampf stand im Zeichen der sog. Aufklärung, die Kant kurz definiert hat als den „Ausgang des Menschen aus seiner selbstverschuldeten Unmündigkeit"; wobei er Unmündigkeit als „Unfähigkeit, sich seines Verstandes ohne Leitung eines anderen zu bedienen", erklärte. Im 18. und 19. Jahrhundert wurde im Zuge dieses Aufklärungsdenkens auch die Befreiung von der Kirche propagiert, weil auch sie anscheinend die Unmündigkeit förderte. Der Glaube schien nicht zu befreien, sondern die Befreiung eher zu verhindern.

Während viele Jahrzehnte lang nur die Intellektuellen so gedacht haben, hat sich in den letzten 30 Jahren dieses Denken auf die breite Bevölkerung der Industrieländer ausgedehnt. Der mündige Zeitgenosse ist davon überzeugt, daß die Kirche eine hoffnungslos veraltete Institution ist, deren Demokratisierung schon allzu lange aussteht und leider immer wieder von ein paar alten Männern verhindert wird. Auch viele engagierte Christen denken so oder wissen jedenfalls nichts dagegen zu sagen; der Glaube ist ihnen meistens noch wichtig als Privatsache, aber ihnen fällt wenig zum Thema ein, daß der Glaube gerade als eine kirchliche Praxis eine befreiende Kraft ist.

Bevor ich mehr dazu ausführe, noch mal ein Blick auf die ganz andere Wahrnehmung der Menschen in der sog. Dritten Welt: Sie empfinden die Kirche als die große Stütze für ihr oft sehr bescheidenes Leben, als Ort der Hoffnung und Zuversicht und als Gegenkraft gegen die Mächte der Ausbeutung und Unterdrückung. Ganz ähnlich nahmen übrigens die Katholiken in Polen die Kirche wahr; ohne sie hätte es keine Befreiungsbewegung Solidarnocz gegeben. Doch kaum kam dieses Land in den „Genuß" des kapitalistischen Wohlstands, änderte sich die Wahrnehmung der Christen dort zusehends.

Wie soll man diesen Sinneswandel einordnen? Hat die Konsum- und Glitzerwelt des Westens die geistigen Augen der Kirchentreuen verklebt? Oder war die Begeisterung für die Kirche ein gedanklicher Kurzschluß, ein Irrtum, der durch den emanzipatorischen Fortschritt notwendig korrigiert werden mußte? Ist vielleicht gar der Glaube nur ein gewisses Opium des unterdrückten Volkes, von dem es befreit wird, sobald die Unterdrückung überwunden ist? Ich möchte dazu anmerken, daß eine nicht geringe Portion Hochmut in dieser Ansicht steckt, nämlich die Unterstellung, daß unsere westliche - aufgeklärte - Sichtweise die fortschrittlichere ist, während die anderen noch ein wenig zurückgeblieben sind im Denken.

Freilich scheint heute sehr viel für eine solche Sichtweise zu sprechen - das ist ja gerade der Grund für unsere derzeitige Glaubenskrise. Aber der Schein trügt, und das wurde interessanterweise ausgerechnet von den Aufklärungsphilosophen selbst entdeckt. Kein Geringerer als Theodor Adorno, der Mitbegründer der Frankfurter Schule, hat bereits im Jahre 1947 überzeugend dargelegt, daß die Aufklärung eine heimtückische „Dialektik" birgt: Anstatt zu befreien, unterdrückt die schrankenlose Vernunft den Menschen, denn sie stürzt ihn in eine abgrundtiefe Entfremdung zur Natur und zu sich selbst. Dies wird bestätigt durch die Rede unseres Bundespräsidenten auf dem Paderborner Forum (vgl. FAZ vom 21. 10. 2000, S. 1), in der er eine Äußerung des Nobelpreisträgers Watson angreift, der gesagt hat, man dürfe Embryonen unter gewissen Umständen töten. Wann solche Umstände gegeben sind, können jedoch nur die Experten feststellen. Doch eine solche Einstellung führe dazu, daß eine Minderheit von Experten letztlich festlegt, was für die Mehrheit der betroffenen Nichtfachleute gut sei. Im Namen der Vernunft wird eine Herrschaft über die Massen ausgeübt, die nur eine neue Form der Unterdrückung ist!

Adorno ist 1969 gestorben. Seine Diagnose war so hellsichtig, daß die neueren Entwicklungen nur als Bestätigung seiner Thesen angesehen werden können.

Adorno würde uns heute zurufen: Ja, seht ihr denn nicht, wie ihr betrogen werdet? Wie man euch unter der Hand versklavt, während man euch einlullt mit Phrasen, die euch suggerieren, ihr wäret frei? Wie die Medien euch in einem Ausmaß kontrollieren, daß ihr überhaupt nicht mehr zu einem eigenständigen Urteil fähig werdet? Wie der Kapitalismus, der einst mit Blut und Tränen in die Schranken gewiesen wurde, nun fröhliche Urständ feiert, und nicht nur die Reichen immer reicher und die Armen immer ärmer macht, sondern noch dazu allen, ob reich oder arm, einredet, nur im Konsum sei das Heil zu finden? Wie dadurch die Menschlichkeit aus der Gesellschaft auszieht und ein Ungeist in die Herzen der Menschen einzieht, der schlimmer ist als alles, was je dagewesen ist? - Wie könnt ihr die Menschen in der Dritten Welt verachten, die doch in jeder Hinsicht fröhlicher sind als ihr selbst, obwohl sie in bitterster Armut leben? - Und denen wollt ihr nun auch den westlichen Fortschritt aufdrängen?

Aber Adorno war ein Atheist, und so konnte oder wollte er nicht sehen, daß der Unterdrückung, die durch die Vernunft selbst ausgeübt wird, die Befreiung durch den Glauben angeboten ist. So wie Jesus sagt: „Wenn euch der Sohn befreit, dann seid ihr wirklich frei." (Joh 8,36)

Aber, so fragen Sie jetzt vielleicht, wie soll ich das verstehen, daß der Glaube mir Freiheit schenkt? Was soll ich meinem Arbeitskollegen antworten, wenn er sagt: „Du bist ja dumm, wenn du zur Kirche gehst. Das ist ja wie Gehirnwäsche. Werde selbständig und befreie dich von dieser Bevormundung!"

Ja, was könnte man darauf antworten? Man könnte zum Beispiel die Gegenfrage stellen: „Gibt es überhaupt keine Gruppe oder Gemeinschaft, zu der du regelmäßig hingehst und von der du dir u.a. Orientierung erhoffst? - Ich jedenfalls empfinde die Kirche als eine Gemeinschaft, die mich stärkt, aber mich nicht bevormundet." Oder man könnte zum Gegenangriff übergehen und fragen: „Wieviel Geld hast du letztes Jahr für wohltätige Zwecke gespendet?" Und wenn er verblüfft zurückfragt, was diese Frage denn zu bedeuten habe, kann man durchaus auf einer ehrlichen Antwort bestehen. Ich bin sicher, daß er weniger gespendet hat als der angeblich dumme Kirchgänger. Und dann kann man fragen, wer denn wohl freier ist: der Geizige oder der Freigebige?

Man könnte auch so entgegnen: „Hast du Angst vor dem Tod?" Auch hier sollte man nicht so leicht ausweichende Antworten akzeptieren. Vermutlich hat auch der Christ noch ein wenig Angst vor dem Tod, aber der Gläubige ist doch ein gutes Stück von dieser Angst befreit. Glaube befreit!

Oder man könnte fragen: „Wie lange siehst du fern? Kannst du es eine Stunde allein ohne Musik und andere Ablenkungen in deinem Zimmer aushalten?" - Auch hier muß der normale Christ wahrscheinlich zugeben, daß auch ihm die stille Einsamkeit zu schaffen macht: Aber sie läßt sich besser aushalten, wenn man an Gottes Gegenwart glaubt und mit Gott sprechen kann. Das ist übrigens ein Punkt, der in unserer Zeit immer mehr Bedeutung gewinnt; ich denke an die vielen einsamen alten Menschen. Wenn sie keinen Glauben haben, wer befreit sie dann aus ihrer Hoffnungslosigkeit?

Glaube befreit, aber nur ein Glaube, der eine starke Gemeinschaft hinter sich hat. Alleine kann keiner glauben. Vielleicht täte es uns gut, wenn ein paar Missionare aus den Entwicklungsländern zu uns kämen und uns deutlich machten, wieviel Freiheit ihnen der Glaube geschenkt hat und wie entsetzlich langweilig dagegen unsere westliche Kultur ist. So langweilig, daß die Langeweile mittlerweile der größte Horror der Jugendlichen geworden ist und sie somit unter dem Druck stehen, immer etwas Neues und immer noch Abgefahreneres zu erleben, das ihnen dann (für einen Moment freilich nur) den Kick gibt. Glaube befreit auch von Langeweile und diesem Druck, dieser Unter-drückung.

Ich bin sicher, daß es nicht mehr lange dauern wird, bis die Mehrheit unseres Volkes sich nach solcher Befreiung wieder sehnen wird. Einstweilen werden wir darauf wohl noch warten müssen und uns damit begnügen, daß wir selbst die befreiende Botschaft bewahren und uns gegenseitig helfen, sie nicht geringzuschätzen oder zu vergessen.

3. Teil: Glaube und Wissen(schaft)

Liebe Gemeinde!

Im dritten Teil meiner Predigtreihe möchte ich, wie angekündigt, darauf eingehen, wie sich unser Glaube mit dem wissenschaftlichen Weltbild verträgt.

Unsere moderne Welt wird zunehmend von den Erfolgen der Naturwissenschaften und ihrer Technik bestimmt. Das Wissen der Menschheit vergrößert sich von Jahr zu Jahr immer schneller, so daß der Eindruck entsteht, es sei nur eine Frage der Zeit, bis schließlich alle Wissenslücken geschlossen sein würden. Gleichzeitig wächst bei vielen Zeitgenossen der Verdacht, daß damit auch Glaube und Religion im Rückzug begriffen seien. Wo man früher göttliche Mächte am Werk sah - z.B. beim Gewitter, bei kosmischen Himmelserscheinungen, bei der Geburt und beim Wachstum neuen Lebens -, da sehen wir heute ganz nüchtern das Walten der verschiedenen Naturgesetze, die eben immer besser bekannt werden und zur Erklärung der besagten Phänomene völlig ausreichen. So sagte schon der Physiker Laplace auf die Frage Napoleons, wo denn in seiner kosmologischen Theorie Gott vorkomme: „Ich bedarf der Hypothese Gott nicht."

Nicht wenige Lehrer und Schüler halten den religiösen Glauben durch den Fortschritt der Wissenschaft für überholt. Wer nur ein wenig auf seine Bildung zugute hält, der rühmt sich zugleich, wenn nicht Atheist, dann doch jedenfalls ein Skeptiker zu sein.

Nur ein Beispiel aus der populärwissenschaftlichen Literatur: In der Vorrede zu Jacques Monods Buch „Zufall und Notwendigkeit" (München 1975) schreibt der Nobelpreisträger Manfred Eigen: „Die Molekularbiologie hat dem Jahrhunderte aufrecht erhaltenen Schöpfungsmystizismus ein Ende gesetzt, sie hat vollendet, was Galilei begann."

Viele Christen werden durch solche scheinwissenschaftlichen Aussagen in ihrem Glauben stark angefochten, besonders wenn sie schon in der Schule damit konfrontiert werden. Die Wissenschaft erscheint da als ein Feind der Religion; Religion und Glaube werden als Unmündigkeit, letztlich als Dummheit dargestellt. Wenn ich hier einige Wissenschaftler namentlich nenne, die sich in Feindschaft zum christlichen Glauben stellen, möchte ich vorher ausdrücklich betonen, daß sie eine Minderheit in den eigenen Reihen darstellen; eine wachsende Zahl gerade unter den Physikern bekennt sich in neuerer Zeit zum Glauben an einen Schöpfergott oder sogar zum Gott Jesu Christi. Dennoch ist es angesichts der Popularität des atheistischen Gedankenguts und um der Klarheit willen nötig, gerade die extremen Positionen zu erwähnen. Wie soll man also auf deren Angriffe reagieren?

Zwei Reaktionsweisen halte ich für falsch. Die erste ist, sich ins Ghetto zurückzuziehen, die Augen und Ohren vor den Erkenntnissen der Wissenschaft zu verschließen. Besonders in Amerika ist diese Einstellung weitverbreitet bei den sog. Fundamentalisten. Die zweite besteht darin, das moderne Weltbild als Maßstab für unseren Glauben zu nehmen; dann werden alle Glaubenssätze daran angepaßt, und wenn das nicht geht, werden sie eben zum alten Eisen geworfen. Eugen Drewermann ist ein bekannter Vertreter dieser Richtung. Vor sechs Jahren ist ein Physiker namens Frank Tipler mit einem ähnlichen Ansinnen aufgetreten. In seinem Buch „Physik der Unsterblichkeit" wollte er alle Glaubensinhalte als Möglichkeiten der Physik nachweisen. Dafür mußte er sie aber in zum Teil abenteuerlicher Weise umdeuten. So versteht Tipler z.B. unter Unsterblichkeit nicht das persönliche Weiterleben nach dem Tod, sondern die Speicherung persönlicher Erinnerung in gigantischen Großrechnern.

Mit solchen gutgemeinten Harmonisierungen wird uns ein Bärendienst erwiesen. Darum müssen wir nach einem dritten Weg suchen. Hierzu gilt es zunächst einmal, festzustellen, daß viele Anfragen an den Glauben von vornherein einen falschen Begriff vom Glauben haben: da wird der Glaube so verstanden, als sei Gott nur der Lückenbüßer für uns unbekannte Ursachen. Doch diese Sicht ist unangemessen, wie ich in meiner ersten Predigt dargestellt habe. Gott offenbart uns keine naturwissenschaftlichen Daten und Fakten, sondern sein eigenes Wesen, den Sinn unseres Lebens und den Weg, wie wir zum Ziel kommen können. Diese Dinge aber sind in keiner Weise menschlicher Wissenschaft zugänglich und können folglich auch nicht in Konflikt mit der Wissenschaft geraten, können aber auch genauso wenig mit ihr harmonisiert werden. Es handelt sich um transzendente Gegenstände, die alles menschliche Wissen übersteigen.

Es gibt aber gewisse Grenzbereiche, in denen die göttliche Offenbarung Aussagen enthält, die naturwissenschaftlich oder historisch Erforschbares berühren. Hier überschneiden sich gleichsam Glauben und Wissen, hier haben beide einen gemeinsamen Gegenstand und darum auch einen möglichen Konflikt. Hierzu gehören die geschichtlichen Tatsachen, die heilsbedeutsam sind: besonders die Geburt, das Leben, den Tod und die Auferstehung Jesu. Würde die Archäologie z.B. Material finden, das diese geschichtliche Grundlage unseres Glaubens aus den Angeln hebt, dann wäre unser Glaube nicht nur in Gefahr, sondern er wäre dadurch zum bloßen Mythos oder Märchen abgestuft, das man nicht ernst nehmen muß. Aber solches Material wurde nie gefunden, sondern ganz im Gegenteil wurden ausschließlich Dokumente entdeckt, die die geschichtlichen Aussagen des Neuen Testamentes sehr gut bestätigen. Wenn dennoch in der Bestseller-Literatur immer wieder auch Gegenteiliges behauptet wird, wie z.B. in dem Buch „Verschlußsache Jesu" von 1991, dann basieren solche Behauptungen auf völlig haltlosen Spekulationen, die allesamt von der seriösen Wissenschaft widerlegt worden sind.[1]

Besonderes Interesse findet immer wieder auch der Berührungspunkt von Glaube und Wissenschaft im Hinblick auf die Schöpfung. Das Zitat von Manfred Eigen zu Beginn zeigt das Problem: „Die Molekularbiologie hat dem Jahrhunderte aufrecht erhaltenen Schöpfungsmystizismus ein Ende gesetzt, sie hat vollendet, was Galilei begann." - Was hat Galilei begonnen? Er hat das Programm verkündet, zu „messen, was meßbar ist, und meßbar zu machen, was zunächst nicht meßbar ist." So weit, so gut. So hat er zum Beispiel ein Fernrohr gebaut und damit allerlei Entdeckungen am Himmel gemacht, insbesondere eine Bestätigung der schon von Kopernikus vertretenen These, daß sich die Erde um die eigene Achse dreht und nicht die Sonne um die Erde. Er widersprach damit der herrschenden theologischen Meinung, daß die Erde der Mittelpunkt der Welt sei und daß dies auch im exakt naturwissenschaftlichen Sinne verstanden werden müsse. Die Theologen meinten, die Bibel mache exakte Aussagen über astronomisch-physikalische Sachverhalte, und irrten mit dieser Auffassung. Die Verurteilung Galileis im Jahre 1633 war aus dieser Sicht ein Fehler.

Von einer anderen Warte betrachtet, befand sich aber auch Galilei im Irrtum. Sein Programm, auch das nicht Meßbare meßbar zu machen, lief darauf hinaus, die Natur insgesamt der Wissenschaft und der Technik zu unterwerfen und den Glauben an den Schöpfer wenn nicht überflüssig, so doch bedeutungslos zu machen. Heute merken viele wache Zeitgenossen, daß Galileis Programm inzwischen derart konsequent betrieben wurde, daß die Ehrfurcht vor der Schöpfung in der Gefahr steht, ganz auszusterben. Wenn die Molekularbiologen und Gentechniker im Namen der Vernunft die Herrschaft über Leben und Tod an sich gerissen haben, welche katastrophalen Folgen haben wir dann zu erwarten? Schon jetzt müssen wir sehen, daß die Mehrzahl der Menschen mehr über den Fortschritt der toten Technik ins Staunen gerät als über das Geschenk des Lebens. So staunen wir darüber, daß es Wissenschaftlern gelungen ist, das menschliche Genom zu analysieren, anstatt angesichts der Kenntnis dieser ungemein komplizierten Struktur über deren Schöpfer zu staunen. Das ist der Galileische Irrtum! Gegen diesen Irrtum müssen die Theologen gerade heute den Glauben an den Schöpfer verteidigen, welcher die

---

[1]Vgl. z.B. Otto BETZ / Rainer RIESNER: *Jesus, Qumran und der Vatikan. Klarstellungen*, Gießen und Basel: BrunnenVerlag und Herder, 1993.

Ehrfurcht vor dem Geheimnis des Lebens einschließt, besonders des Menschen selbst; dieses Geheimnis ist nicht meßbar und kann niemals meßbar gemacht werden. Oder würden Sie zustimmen, wenn man Ihnen sagte, die von Ihnen empfundene Liebe zu Ihrem Partner oder zu Ihren Kindern sei nichts anderes als eine meßbare Menge von Hormonen in Ihrem Gehirn?

Sicher müßte ich den Sachverhalt viel ausführlicher besprechen, aber dafür bietet eine Predigt nicht die Gelegenheit. Einen Ausspruch des großen Physikers Werner Heisenberg möchte ich Ihnen aber nicht vorenthalten. Er hat gesagt: „Der erste Trunk aus dem Becher der Naturwissenschaft macht atheistisch; aber auf dem Grund des Bechers wartet Gott."

Und John Henry Newman erinnert uns: „Man kann sich der Wahrheit nicht nähern ohne Huldigung".

4. Teil: Die Allmacht Gottes

Liebe Gemeinde!

Im Glaubensbekenntnis beginnen wir mit dem Satz: „Ich glaube an Gott, den Vater, den Allmächtigen."

Dem alten Israel wurde Gott in mehreren Schritten offenbart. In einem frühen Text heißt es: „Höre, Israel! Jahwe, unser Gott, Jahwe ist einzig. Darum sollst du den Herrn, deinen Gott, lieben mit ganzem Herzen, mit ganzer Seele und mit ganzer Kraft." (Dtn 6,4-5) Hier wird Gott mit dem geheimnisvollen Namen JHWH benannt. Wir kennen die Stelle, in der Moses dem Herrn im brennenden Dornbusch begegnet und zu hören bekommt: „Ich bin der Gott deines Vaters, der Gott Abrahams, der Gott Isaaks und der Gott Jakobs." (Ex 3,6) Doch Mose möchte einen Namen erfahren: „Gut, ich werde also zu den Israeliten kommen und ihnen sagen: Der Gott eurer Väter hat mich zu euch gesandt. Da werden sie mich fragen: Wie heißt er? Was soll ich ihnen darauf sagen? Da antwortete Gott dem Mose: Ich bin der „Ich-bin-da“. Und er fuhr fort: So sollst du zu den Israeliten sagen: Der „Ich-bin-da“ hat mich zu euch gesandt. ... Das ist mein Name für immer, und so wird man mich nennen in allen Generationen." JHWH als Name Gottes bedeutet: „Ich bin der ich-bin." Dieser Name benennt das Geheimnis Gottes, seine Verborgenheit und zugleich seine Nähe und seine Treue zu den Menschen.

Wenn ein Mensch Gott begegnet, erfährt er seine Kleinheit. Moses zieht seine Sandalen aus und verhüllt sein Gesicht. Der Prophet Jesaja ruft aus: „Weh mir, ich bin verloren, denn ich bin ein Mann mit unreinen Lippen!" (Jes 6,5) Doch ist diese faszinierende und erschreckende Heiligkeit Gottes immer verbunden mit einer unendlichen Güte, die den Menschen umfängt und aufrichtet. Im 1. Johannesbrief heißt es deshalb: „Wir werden unser Herz in seiner Gegenwart beruhigen. Denn wenn das Herz uns auch verurteilt - Gott ist größer als unser Herz, und er weiß alles." (1 Joh 3,19f)

Die Erfahrung des gütigen und vergebenden Gottes hat es möglich gemacht, Gott als Vater anzusprechen. Das Alte Testament kennt diese Anrede, z.B. im Psalm: „Ein Vater der Waisen, ein Anwalt der Witwen ist Gott in seiner heiligen Wohnung." (Ps 68,6) Aber erst im Neuen Testament wird die Rede von Gott, dem Vater, geradezu zur kennzeichnenden christlichen Anrede Gottes. Denn Jesus hat Gott seinen Vater genannt, ja in liebevoll zärtlicher Weise seinen Abba. Und er hat uns gelehrt, Gott auch als unseren Vater anzurufen: „So sollt ihr beten: Unser Vater im Himmel, dein Name werde geheiligt, ..." (Mt 6,9) Diese Anrede ist eine so großartige und gewagte

Angelegenheit, daß die Kirche das Vater-Unser-Gebet in der Liturgie einleitet mit den Worten: „Dem Wort unseres Herrn und Erlösers gehorsam und getreu seiner göttlichen Weisung wagen wir zu sprechen: ..."

Allerdings sollten wir uns beim Beten bewußt halten, daß wir den Vater nicht unmittelbar kennen, denn „niemand kennt den Vater, nur der Sohn und der, dem es der Sohn offenbaren will". (Mt 11,25) Und wir sollten vorsichtig sein, unsere Vatervorstellungen, die wir aus unserer Kultur gewonnen haben, einfach auf Gott zu übertragen. Gott steht über den Begriffen dieser Welt, er ist nicht Mann und nicht Frau, und sein Verhältnis zu uns ist nur aus den biblischen Vergleichen zu bestimmen, nicht aus den Erfahrungen, die wir mit unseren irdischen Eltern machen. Darum führt auch der Streit, ob wir Gott genauso gut Mutter wie Vater nennen sollten, in die Irre des Götzentums, denn dieser Streit tut so, als ob wir den geschlechtlichen Gegensatz in Gott hineintragen könnten, und dann messen wir Gott mit menschlichem Maß, anstatt seine überirdische und unbegreifbare Realität anzuerkennen.

Worauf es vielmehr ankommt, ist im Glauben anzuerkennen, daß Gott uns in seine persönliche Beziehung zu Jesus Christus mit hineingenommen hat, daß wir also in einer Gemeinschaft mit ihm stehen dürfen, die unaussprechlich und unvorstellbar ist. Wenn wir dies beachten, dann wird das Gebet zum Vater zum besten Ausdrucks unseres Gottesverhältnisses, so wie ein großer Theologe einmal gesagt hat:

„Das Vaterunser ist ein Aufblick zu Gott allein, ein großes Feuer der Liebe. Die Seele schmilzt dahin, versinkt in die heilige Liebe und unterhält sich mit Gott wie mit dem eigenen Vater, sehr vertraut, in ganz besonderer, zärtlicher Kindesliebe." (*Johannes Cassian*)

Im Glaubensbekenntnis wird Gott der Vater als der Allmächtige näher bestimmt. Das erscheint seltsam, denn es könnten da genauso gut andere Attribute stehen, z.B. der Gerechte, der Heilige oder der Unendliche. Gottes Allmacht bedeutet, daß für IHN nichts unmöglich ist, daß er alles vollbringt, was ihm gefällt, daß es nichts gibt, was ihm widerstehen könnte. Doch besagt die Allmacht nicht, daß Gott nach blinder Willkür handelt, denn Gott ist allmächtig und zugleich allgütig. Wenn wir Gott allmächtig nennen, haben wir die Gewißheit, daß nichts „uns scheiden kann von der Liebe Christi. Weder Bedrängnis oder Not noch Verfolgung, Hunger oder Kälte, Gefahr oder Schwert." (Röm 8,35) Doch die Erfahrung von Leid und Bedrängnis kann auch zur Probe des Glaubens werden. Wir fragen uns, warum Gott, wenn er denn allmächtig ist, nicht eingreift, wenn Schlimmes geschieht, wenn Menschen ihre Macht mißbrauchen und das Leben anderer brutal auslöschen.

Manchmal kann es so aussehen, als wäre Gott ohnmächtig oder als interessiere er sich gar nicht für die von ihm geschaffene Welt der Menschen. Diese Frage treibt die Menschen um und wird immer wieder zur existentiellen Anfechtung. Kein Mensch kann hierauf eine umfassende Antwort geben - denn wir haben nicht die Übersicht über den Zusammenhang aller Dinge, aber einige Hinweise kann ich vielleicht doch geben. Wir müssen uns bewußt halten, daß die Allmacht von Gott ausgesagt wird, insofern er Vater ist, d.h. uns in Liebe zugewandt. Liebe aber gibt es nur in Freiheit. Letztlich geht es Gott darum, daß wir uns ihm in Freiheit zuwenden. Und wenn ich sage „Wir", dann müßte ich sofort hinzufügen: wir Menschen, insofern wir Sünder sind, d.h. insofern wir erst noch bekehrt werden müssen zu Gott. Bekehrung aber geht nicht mit Gewalt. Gott kann uns nicht retten, indem er uns mit Gewalt vom Bösen abhält, sondern nur, indem er aus uns die Gegenliebe hervorlockt. Würde Gott das böse Tun der Menschen einfach durch den Einsatz seiner Allmacht verhindern, dann hätte er sie noch nicht bekehrt, sondern nur handlungsunfähig gemacht.

Gott aber handelt anders. Er läßt das Böse in seinem Sohn an sich selbst geschehen. Er läßt die Bösen sich an ihm quasi austoben und vergibt ihnen sterbend mit den Worten: „Vater, vergib ihnen, denn sie wissen nicht, was sie tun." (Lk 23,34) Und die Frucht dieser sich bis zur Ohnmacht erniedrigenden Liebe ist z.B. das Wort des Hauptmanns am Kreuz: „Wahrhaftig, dieser Mensch war Gottes Sohn!" (Mk 15,39)

Darum heißt es bei Paulus: „Denn das Törichte an Gott ist weiser als die Menschen, und das Schwache an Gott ist stärker als die Menschen." (1 Kor 1,25)

Gottes Allmacht geht geheimnisvolle Wege, die wir einzig im Glauben annehmen können. Maria, die Mutter Jesu, gibt hier das leuchtendste Beispiel, denn unter dem Kreuz hielt sie ihr JA zu Gottes Willen durch und wurde so zur „Mutter der Glaubenden".

5. Teil: Die Schöpfung

Liebe Gemeinde!

Wenn ich in den Nachthimmel schaue, bin ich jedesmal überwältigt von der Schönheit des Kosmos, des Weltalls. Ich weiß, daß die Sterne, die da funkeln, Lichtjahre weit entfernte riesige Sonnen sind, nur ein minimaler Teil aller Sterne, die es überhaupt gibt, nämlich 100 Milliarden mal 100 Milliarden. Dazwischen ein unermeßlicher leerer Raum, Abbild der Unendlichkeit Gottes.

Die moderne Astronomie und Kosmologie hat uns gezeigt, daß alle bisherigen Ahnungen von der Größe des Weltalls weit zurückgeblieben sind hinter der Wirklichkeit. Es ist viel, viel größer, als wir uns vorstellen können. Selbst wenn der Mensch Raketen bauen könnte, die sich fast so schnell wie das Licht fortbewegen, bliebe es unmöglich, jemals zu allen Sternen, die es gibt, vorzudringen. Nur in Gedanken ist es uns möglich.

Und da fragen sogar die Kinder schon: Wenn ich immer weiter und weiter fliegen könnte, käme ich dann an den Rand des Weltalls? Und was liegt hinter dem Rand? Das ist eine Frage nach der räumlichen Ausdehnung des Weltalls. Genauso könnte ich nach der zeitlichen Ausdehnung fragen: Wie weit reicht die Zeit unserer Welt zurück? Hat sie einen Anfang? Gab es einen Urknall, in dem alles entstand?

Endgültig wissen wir über diese Fragen nichts. Aber es gibt gute Gründe für Annahme, daß unser Weltall sich seit etwa 20 Milliarden Jahren in einer ständigen Expansion befindet. Und man muß nur in Gedanken die Zeit zurückgehen, um an einen Moment zu gelangen, an dem alles anfing. Die Physiker nennen dies den Urknall oder technischer: die Singularität. Was vor diesem Anfang war, läßt sich nicht sagen. Mit der Entstehung der Materie sind zugleich die Zeit und der Raum entstanden. Jenseits unserer räumlich-zeitlichen Welt gibt es kein Vorher und Nachher, kein räumliches Neben oder Dahinter. Unser Weltall ist zwar nur endlich groß, aber es hat keine räumliche Grenze. Es hat eine endliche Dauer, aber kein zeitliches Davor.

Der Theologe kann freilich noch ein wenig mehr sagen: Jenseits dieser Welt gibt es die Welt Gottes, des Schöpfers. Gott existiert nicht in Raum und Zeit, er existiert in der Ewigkeit. Raum und Zeit sind von Gott geschaffen, er ist nicht daran gebunden. Er steht darüber. Er braucht nicht abzuwarten, was geschieht, denn die ganze Zeit und der ganze Raum sind ihm ewig gegenwärtig, unsere fernste Vergangenheit wie auch unsere Zukunft. Ich meine, die unermeßliche Größe Gottes leuchtet uns gerade in unserer Zeit auf, wo die Wissenschaft begonnen hat, die Größe der von Gott geschaffenen Welt zu erfassen. Und doch ist diese endlich, während Gott unendlich ist. Aber was Unendlichkeit besagt, kann kein Mensch positiv begreifen; nur im Modus der Verneinung können wir uns der Wirklichkeitsfülle Gottes nähern. Gott hat keinen Anfang, kein Ende, keine Dauer, keine Ausdehnung, kein Maß, in ihm ist keine Veränderung, keine Begrenzung seiner Macht, keine Differenz von Teilen, absolute Einfachheit und Vollkommenheit!

Und doch hat dieser in sich unendlich vollkommene Gott eine Welt geschaffen, eine riesige Welt sogar (verglichen mit der Größe unserer Erde). Er ist der Schöpfer des Himmels und der Erde. Warum hat Gott das gemacht? Es gibt nur eine Antwort: Weil ER es so wollte, weil es IHM gefiel, weil er seine Vollkommenheit verströmen wollte - oder: aus reiner Liebe. Gott braucht die Welt nicht, ER ist sich selbst genug. Nichts Endliches kann den Unendlichen ergänzen. Und doch sagt Gott: „Meine Freude war es, bei den Menschen zu sein." (Spr 8,31)

Letztlich hat Gott die ganze Welt um des Menschen willen erschaffen. Das mögen wir erstaunlich finden oder sogar anstößig, aber wir können es nicht anders sagen. Auf uns Menschen kam es Gott an, um unseretwillen wurde ER sogar selber Mensch (aber das soll später betrachtet werden).

Zunächst sieht freilich alles danach aus, als wäre der Mensch nur eine zufällige Begleiterscheinung der gigantischen Evolutionsgeschichte, ein „Zigeuner am Rande des Universums, das für seine Musik taub ist und gleichgültig gegen seine Hoffnungen, Leiden oder Verbrechen" (J. Monod). Doch gibt es in der Physik seit einiger Zeit einen merkwürdigen Zweig, der dieses Bild korrigiert. Dieser Zweig untersucht gewisse Anzeichen, die darauf hindeuten, daß Vieles, ja fast alles in der unbelebten Natur auf das menschliche Leben hingeordnet ist. Man nennt diese Sichtweise das anthropische Prinzip. Um dies zu verstehen, muß man wissen, daß es eine ganze Reihe von Naturkonstanten gibt, deren Größe prinzipiell jeden Wert annehmen könnte, aber genau einen bestimmten Wert hat. Und das Seltsame ist, daß diese Naturkonstanten allesamt solche Werte besitzen, daß menschliches Leben gerade möglich ist. Wären die Werte nur ein klein wenig anders, dann hätte es nie zur Entstehung des Lebens kommen können.

Viele Physiker sehen darin einen starken Hinweis auf die verborgene Absicht des Schöpfers. Denn ER hat die Gesetze gemacht und die Konstanten festgelegt. ER wollte eine Welt, in der menschliches Leben entstehen kann, er hat die Welt auf den Menschen hin erschaffen. Und er wollte, daß die Menschen in seiner Schöpfung immer wieder seine Handschrift entdecken können. Unaufdringlich, aber doch eindeutig. Damit der Mensch einstimmt in Gottes Zustimmung zur Welt: „Und er sah, daß es gut war."

6. Teil: Christus König und Herr

Liebe Gemeinde!

„... Ich glaube an Jesus Christus, seinen eingeborenen Sohn, unsern Herrn..."

Bei diesem kleinen Wort „Herr" möchte ich heute stehenbleiben und es nach verschiedenen Seiten aufschließen. Es entspricht dem Titel „König", den wir Jesus geben und welcher Gegenstand des heutigen Hochfests ist: „Christkönig".

Zunächst einmal eine Vorbemerkung zum biblischen Wortgebrauch. In der griechischen Übersetzung des Alten Testaments wird der Name Jahwe, den kein Jude aussprechen durfte, mit KYRIOS, der Herr, wiedergegeben. Somit wird „Herr" zur häufigsten Bezeichnung Gottes, fast 3500 mal findet sich dieses Wort im AT. Im Neuen Testament wird diese Bezeichnung für Gott aufgenommen, so daß auch hier mit „Herr" oft Gott, der Vater, gemeint ist. Zugleich aber wird Jesus mit „Herr" angeredet, und zwar, je nach dem Kontext, einerseits im gewöhnlichen Sinne des höflichen Respekts (so wie man im Englischen „Sir" sagt) und andererseits im Sinne einer Hoheitstitels, ähnlich wie man im Englischen einen König mit „Lord" anspricht. Diese Hoheitsanrede leitet sich letztlich von der Auferstehung Jesu her. So heißt es in dem wunderbaren Christushymnus im Philipperbrief:

„Darum hat ihn Gott über alle erhöht und ihm den Namen verliehen, der größer ist als alle Namen, damit alle im Himmel, auf der Erde und unter der Erde ihre Knie beugen vor dem Namen Jesu und jeder Mund bekennt: „Jesus Christus ist ***der Herr*** *" - zur Ehre Gottes, des Vaters."*

Ähnlich sagt Petrus zu den geistlichen Führern der Juden: „Er (Jesus) ist der Stein, der von euch Bauleuten verworfen wurde, der aber zum Eckstein geworden ist. Und in keinem anderen ist das Heil zu finden. Denn es ist uns Menschen ***kein anderer Name*** *unter dem Himmel gegeben, durch den wir gerettet werden sollen."* (Apg 4,11f) Und nochmals im selben Sinne stellt Paulus fest:

„Und selbst wenn es im Himmel oder auf der Erde sogenannte *Götter gibt - und solche Götter und Herren gibt es viele -, so haben doch wir* ***nur einen Gott****, den Vater. Von ihm stammt alles, und wir leben auf ihn hin. Und* ***einer ist der Herr****: Jesus Christus. Durch ihn ist alles, und wir sind durch ihn." (1 Kor 8,5f)*

Jesus als Herrn bekennen heißt an seine Gottheit glauben: „Keiner kann sagen: Jesus ist der Herr!, wenn er nicht aus dem Heiligen Geist redet." (1 Kor 12,3)

Mit dem Königstitel ist es etwas komplizierter. Das hängt damit zusammen, daß menschliches Königtum seit Menschengedenken mit Machtmißbrauch verbunden gewesen ist, auch zu Jesu Zeiten. Darum gibt es ausgesprochen königskritische Passagen im Neuen Testament, z.B. Jesu Zeugnis für Johannes den Täufer: „Was habt ihr sehen wollen, als ihr hinausgegangen seid? Einen Mann in feiner Kleidung? Leute, die fein gekleidet sind, findet man in den Palästen der Könige." (Mt 11,8)

Besonders wichtig ist seine Lehre über das Dienen: *„Die Könige herrschen über ihre Völker, und die Mächtigen lassen sich Wohltäter nennen. Bei euch aber soll es nicht so sein, sondern der Größte unter euch soll werden wie der Kleinste, und der Führende soll werden wie der Dienende."* (Lk 22,25f)

Und doch hat Jesus vor Pilatus den Königstitel in Anspruch genommen. Aber erst sozusagen am Schlußpunkt seiner Selbstoffenbarung. Wenn wir das Johannesevangelium genauer anschauen, sehen wir, daß Jesus sich den Königstitel nicht gern anhängen ließ. Nach der Brotvermehrung sagen die gesättigten Menschen: „Das ist wirklich der Prophet, der in die Welt kommen soll. Da erkannte Jesus, daß sie kommen würden, um ihn in ihre Gewalt zu bringen und zum König zu machen. Daher zog er sich wieder auf den Berg zurück, er allein." (Joh 6,15) Und auch das überschwengliche Bekenntnis des Natanaël läßt Jesus nicht ohne weiteres stehen: „Rabbi, du bist der Sohn Gottes, du bist der König von Israel! Jesus antwortete ihm: Du glaubst, weil ich dir sagte, daß ich dich unter dem Feigenbaum sah? Du wirst noch Größeres sehen." (Joh 1,49f)

Der Grund für diese Zurückhaltung besteht schlicht darin, daß Jesus nicht in die überlieferten Königserwartungen hineinpaßt, weil er sie alle übertrifft. Viele Juden hatten sich damals vorgestellt, daß Jesus mit seiner Wundermacht das ungerechte Joch der Römerherrschaft abschüttelte und das alte davidische Königtum wieder einführte. Aber das war voreilig und zu sehr in den Bahnen menschlicher Macht gedacht. Deshalb lehnte Jesus den Königstitel solange ab, bis er selber vor dem Richter stand - äußerlich machtlos und zu Boden getreten. Aber dann sagte er es mit Bestimmtheit: „Ja, ich bin ein König." Aber eben ein König ganz anderer Art, nicht nach menschlicher Vorstellung. Der Allmächtige Gott selbst, der Seine Macht in der Ohnmacht der leidenden Liebe versteckt, der göttliche König, der dadurch herrscht, daß er bis zum Äußersten geht mit seiner dienenden Liebe.

Aber was hilft uns so ein König? könnten wir fragen. Und so fragten sie auch, die Juden, die damals Jesus ursprünglich nachgefolgt waren und jetzt, von ihm enttäuscht, in den Ruf einstimmten: „Ans Kreuz mit ihm! So einen König wollen wir nicht. Dann lassen wir uns lieber von dem Kaiser beherrschen und ausnutzen." -

Liebe Mitchristen! Wir stehen damit vor dem Geheimnis des Kreuzes, das wir niemals restlos verstehen können. Jesus ist nicht anders König, unser König, als durch das Kreuz hindurch. Alle unsere Vorstellungen von Königtum und Macht sind im wahrsten Sinne des Wortes durchkreuzt. Wir sträuben uns dagegen - verständlich -, aber wenn wir die Botschaft vom Kreuz nicht annehmen, dann bleibt uns nur übrig, auf die Seite derjenigen überzuwechseln, die Jesus gekreuzigt haben - mit der Konsequenz, daß wir dann den Kaiser wählen statt Jesus, d.h. die weltliche Form von Macht und Machtausübung mit allen ihren Schattenseiten. Und dann gibt es keine Erlösung, sondern es bleibt alles beim Alten.

Wählen wir aber Jesus als unseren König, dann verzichten wir zwar darauf, in diesem Leben im Spiel der Mächtigen mitzureden, aber dann und nur dann haben wir die Hoffnung, endgültig aus dem Teufelskreis der menschlichen Bosheit auszusteigen und einzusteigen in eine neue erlöste Welt, in der Christus allein herrscht. „Mein Reich ist nicht von dieser Welt", sagt Christus. Das heißt auch, daß wir nicht in dieser Welt erwarten können, die Herrlichkeit Christi zu sehen, sondern erst in der zukünftigen. Aber dort werden wir sie sehen, und dort wird auch alles Unrecht vergolten, jede Träne getrocknet und alle Trauer in Freude verwandelt werden. Durch Christus, unseren König.

„Das All durchtönt ein mächtiger Ruf: ‚Christ A und O der Welten!' Das Wort, das sie zu Anfang schuf, wird bis ans Ende gelten", haben wir im Eingangslied gesungen. Vor allem im Jahr 2000 dürfen wir spüren, daß unserem Leben in Christus und durch Christus und mit Christus eine unerschütterliche Hoffnung geschenkt ist, die uns in allem Unglück begleitet.

Wir feiern Christkönig, weil Jesus Christus diese Welt durch sein Leben, durch seinen Tod und seine Auferstehung erlöst hat. Wir brauchen unsere Welt nicht zu erlösen, dies hat Christus bereits getan!

7. Teil: Empfangen durch den Heiligen Geist, geboren von der Jungfrau Maria

Liebe Gemeinde!

In der Reihe über das Glaubensbekenntnis bedenken wir heute den adventlichen Artikel: „Empfangen durch den Heiligen Geist, geboren von der Jungfrau Maria!"

Unsere Schwierigkeiten damit sind nicht größer als die Marias selber. In einem Punkt aber haben wir es doch schwerer: denn die heutige Zeit hat kaum noch ein Verständnis für die frei gewählte Jungfräulichkeit um des Himmelreiches willen.

Da treten sogar Theologen im Fernsehen auf, allen voran Uta Rancke-Heinemann und Eugen Drewermann, die den Glauben an die Jungfräulichkeit Marias lächerlich machen. Sie behaupten, man müsse den Glaubensartikel symbolisch verstehen: Die Jungfräulichkeit Marias meine ihre Reinheit des Geistes, also ihre uneingeschränkte Offenheit für Gott. Das meint sie in der Tat, genauer gesagt: der jungfräuliche Leib Marias ist ein Ausdruck, ein Realsymbol für ihre geistige Haltung vor Gott. Ein symbolisches Verständnis ist angemessen, aber es muß auch etwas da sein, das als Symbol dient. Ein Symbol ist immer etwas Sichtbares, das in sich verweist auf etwas Unsichtbares. Eine Denkerstirn ist ein Zeichen für einen tiefsinnigen Geist. Aber ich kann doch von einem Menschen nur sagen, er habe eine Denkerstirn, wenn ich eine solche auch sehen kann. Wenn das sichtbare Zeichen fehlt, kann der Mensch sehr wohl tiefsinnig sein, aber eine Denkerstirn hat er dann nicht.

So ist es auch mit der Jungfräulichkeit. Verheiratete Menschen mit Kindern können sehr wohl für Gott offen und tiefgläubig sein. Aber von ihnen zu sagen, sie seien deshalb Jungfrauen, tut unserer Sprache und dem, was wir mit Symbolik meinen, Gewalt an. Wenn die Jungfräulichkeit Marias symbolisch zu verstehen ist, dann kann das nur heißen, daß sie wahrhaft Jungfrau war und daß dieses leibliche Merkmal ein Ausdruck ihrer geistigen Hingabe an Gott ist.

So ist es ja mit jedem Christen, der den evangelischen Rat der Jungfräulichkeit befolgt. Indem eine Ordensfrau, ein Ordensmann oder ein Priester um des Himmelreiches willen auf die Ehe verzichtet, setzt er oder sie ein Zeichen für den je größeren Gott, um dessentwillen es sich lohnt, auf die geschlechtliche und familiäre Einheit zu verzichten. Und es wäre der größte Unsinn, Maria als „Königin der Jungfrauen" anzurufen, wenn sie nicht selbst Jungfrau gewesen wäre.

Natürlich ist die Jungfräulichkeit Marias nicht der eigentliche Stein des Anstoßes, sondern daß sie zugleich Mutter gewesen ist. Wie soll das möglich sein? - Nun, so fragt Maria selbst, denn es ist natürlich biologisch unmöglich; aber Maria bekommt zur Antwort: „Für Gott ist nichts unmöglich." Das heißt: Gott kann ausnahmsweise etwas geschehen lassen, was sonst nie geschieht.

Die Frage ist nun die: Warum sollte Gott das tun, warum sollte er Dinge bewirken, die den normalen Naturgesetzen widerstreiten? Doch die Antwort ist nicht so fernliegend, wenn wir bedenken, welch unerhörtes und ungeheuerliches Ereignis den Kern unseres Glaubens ausmacht: **daß Gott Mensch geworden ist**.

Gott tritt wahrhaft in unsere Welt, in unsere Geschichte ein - ist das nicht noch viel erstaunlicher als die Erschaffung der Welt aus dem Nichts? Wie sollte die Natur aus sich selbst das zuwege bringen? Nur Gott selbst konnte dieses Wunder aller Wunder vollbringen - und das ist der Grund, warum Jesus, der Sohn Gottes, nicht auf natürliche Weise gezeugt wurde, so wie er auch nicht der natürlichen Verwesung unterworfen war, sondern von den Toten auferstehen konnte. Die jungfräuliche Empfängnis und Mutterschaft Mariens ist nicht eine mythologische Legende, wie Eugen Drewermann ohne überzeugende Begründung meint, sondern das einzigartige Symbol für die staunenswerte Tatsache, daß **der Mensch Jesus zugleich der ewige Sohn Gottes** ist.

Wäre Josef der leibliche Vater Jesu gewesen, dann hieße er mit demselben Recht Vater Gottes, wie Maria Mutter Gottes genannt wird. Da dies absurd ist, bliebe nur die andere Möglichkeit, überhaupt zu bestreiten, daß Jesus Gott ist, daß also weder Josef Vater noch Maria Mutter Gottes ist, und Jesus wäre ein bloßer Mensch wie du und ich.

Wir können nicht einfach nach unserem Geschmack oder nach unserer begrenzten Einsicht Teile des Glaubensbekenntnis beliebig umdeuten. Alles hängt mit allem zusammen. Wenn wir bestreiten, daß Maria die jungfräuliche Mutter Jesu ist, dann haben wir zugleich den Glauben an die Menschwerdung Gottes in Frage gestellt, und wo bleibt dann die Hoffnung, von Sünde und Tod erlöst zu werden?

8. Teil: Gelitten unter Pontius Pilatus, gekreuzigt, gestorben und begraben (I)

Liebe Gemeinde!

Ich möchte heute die Reihe über das Glaubensbekenntnis fortsetzen und mit Ihnen über den 4. Artikel nachdenken: „Gelitten unter Pontius Pilatus, gekreuzigt, gestorben und begraben". Ich gehe in drei Schritten vor. Zuerst frage ich, warum der Hohe Rat den Tod Jesu wollte. Dann stelle ich die wichtigsten geschichtlichen Ereignisse um den Kreuzestod Jesu dar, und schließlich richte ich die Aufmerksamkeit auf Pontius Pilatus. In der nächsten Predigt werde ich dann über die Bedeutung des Todes Jesu für uns Menschen sprechen.

1. Jesus und Israel.

Jesus wurde von den meisten Leuten seines Volkes geliebt, aber er hatte auch Feinde, vor allem aus den Reihen der Pharisäer und Schriftgelehrten. Wie war das möglich? Was wurde ihm vorgeworfen? Man warf Jesus zwei Verbrechen gegen die Religion vor, auf denen die Todesstrafe stand: Er sei ein Gotteslästerer und ein falscher Prophet. Der Vorwurf der Gotteslästerung entstand durch Jesu Auslegung des heiligen Gesetzes, z.B. des Sabbatgebotes und aufgrund seines Anspruchs, Sünden zu vergeben: „Wer kann Sünden vergeben außer dem einen Gott?" (Mk 2,7) Mit welchem Recht konnte Jesus sagen: „Der Sabbat ist für den Menschen da!" oder: „Wer nicht für mich ist, der ist gegen mich!" oder: „Ich bin gekommen, die Sünder zu berufen, nicht die Gerechten!"? Entweder war er ein kompletter Spinner und Lästerer oder er war wirklich mit Gott eins, wie er behauptete (Joh 10,30).

In der Tat gab es unter den religiösen Autoritäten in Jerusalem eine Reihe von hochangesehenen Menschen, die Jesus glaubten und ihm anhingen, z.B. Nikodemus oder Joseph von Arimathäa. Nach seiner Auferstehung waren es sogar sehr viele, die sich bekehrten (Apg 6,7; 15,5; 21,20). Dennoch setzte sich die andere Gruppe durch, die angeführt wurde u.a. vom Hohenpriester Kajaphas, der aus strategischem Kalkül vorschlug: „Ihr bedenkt nicht, daß es besser für euch ist, wenn ein einziger Mensch für das Volk stirbt, als wenn das ganze Volk zugrunde geht." (Joh 11,50) Jesus mußte sterben, damit das Volk ruhig blieb und den Römern nicht Anlaß gab, den Tempel zu zerstören (Joh 11,48)! So lieferten sie Jesus an die verhaßte Besatzungsmacht aus, die alleine das Recht hatte, Todesurteile zu verhängen.

2. Jesus vor dem Hohen Rat

Jesus wurde von einem seiner Jünger verraten, von Judas, der offenbar von Jesus enttäuscht war - wie so manche in jenen Tagen, weil Jesus immer abgelehnt hatte, das alte Königtum in Israel wiederherzustellen. Der Verrat führte zur Verhaftung Jesu und einem ersten Verhör vor dem Hohen Rat. Der Hohepriester fragte Jesus: „Ich beschwöre dich bei dem lebendigen Gott, sag uns: Bist du der Messias, der Sohn Gottes? Jesus antwortete: Du hast es gesagt. Doch ich erkläre euch: Von nun an werdet ihr den Menschensohn zur Rechten der Macht sitzen und auf den Wolken des Himmels kommen sehen." (Mt 26,63f) Zum ersten Mal hatte Jesus es ausgesprochen, was immer sein Anspruch gewesen war: der Sohn Gottes selbst zu sein. Nun war sein Todesurteil besiegelt, und Jesus wurde an Pilatus ausgeliefert.

3. Jesus vor Pilatus

Wer war dieser Pilatus? Was macht ihn zu dieser Schlüsselperson, die einen so außergewöhnlichen Anteil an unserer Heilsgeschichte hat? Pontius Pilatus war in den Jahren von 26 bis 36 n. Chr. Statthalter der römischen Provinz Judäa. Er residierte in Cäsarea, kam aber zu den großen Festen nach Jerusalem. Öfter hatte er schon die religiösen Gefühle der Juden mißachtet und war infolgedessen nicht beliebt. Aber er hatte die ganze Macht des römischen Kaisers über die unterworfene Provinz. - Pilatus war sich seiner Macht bewußt. So sagte er zu Jesus: „Du sprichst nicht mit mir? Weißt du nicht, daß ich Macht habe, dich freizulassen, und Macht, dich zu kreuzigen?" Doch diese Macht ist ihm nur geliehen, wie Jesus klarstellt: „Du hättest keine Macht über mich, wenn es dir nicht von oben gegeben wäre."

Pilatus wollte Jesus schonen. Als er seine Unschuld erkannt hatte, versuchte er alles Mögliche, um seine Haut zu retten. So scheint es jedenfalls. Aber er hat ihn letztlich doch verurteilt. Welche Mittel hat Pilatus eingesetzt, um Jesus vor dem Todesurteil zu bewahren? · Zuerst versucht er, die unangenehme Pflicht des Richtens auf Herodes abzuschieben. Dieser Scheinkönig ist zufällig in Jerusalem, doch der schickt Jesus zu Pilatus zurück, nachdem er seinen Spott mit ihm getrieben hat. Pilatus und Herodes werden durch diesen Vorfall Freunde, notiert der Evangelist nüchtern und entlarvend: Ihr gemeinsames Vergehen an der Menschenwürde eines Unschuldigen schweißt sie zusammen. Es gibt nicht nur Gemeinschaft im Guten, es gibt sie auch im Bösen: Komplizenschaft. Der Andere beruhigt mein Gewissen, wenn er dasselbe tut wie ich. Er versteht mich. Er ist mein Freund! So wächst das Böse weiter an...

· Aber noch ist der gute Kern in Pilatus nicht ganz korrumpiert. Als nächstes versucht er, das Volk für Jesus zu gewinnen. Er ist Politiker, gewohnt, mit Macht zu spielen. So meint er die Psychologie der Massen zu kennen: Wenn die verhaßten

Pharisäer gegen Jesus sind, dann wird das Volk für Jesus sein. Ganz klug gedacht, aber die Rechnung geht diesmal nicht auf! Er hat nicht das Volk vor sich, sondern einen aufgehetzten Pöbel. Und der Pöbel will die Freiheit ausgerechnet für Barabbas, den Mörder, für Jesus dagegen die Kreuzigung! - Pilatus verliert seinen wichtigsten Trumpf. Er hat sich nun mal eingelassen auf das Spiel mit der Macht, mit der Psychologie. So macht er weiter, immer noch hoffend, das Ruder herumreißen zu können.

· Er tut dem Pöbel genug, läßt ihn Blut sehen, so wird er zufrieden sein (denkt er). Die Macht hat er ja. Er läßt Jesus geißeln, eine Strafe, die viele nicht überleben. Mit jedem Geißelhieb werden Jesus ganze Fleischstücke aus der Haut gerissen, aus der Haut, die Pilatus ihm angeblich retten will. Es geschieht ja alles nur zu seinem Wohl! Kalkül eines gefühllosen Politikers, der nichts als seine eigene Haut sieht, seine eigenen Hände, die ihm allerdings dann doch schmutzig zu werden scheinen!

Ich gebe zu: Als Kind und als Jugendlicher habe ich, wenn die Passion vorgelesen wurde, immer gehofft, daß das Kalkül der Pilatus vielleicht doch aufgehen möchte! Daß das Opfer, das Pilatus dem Jesus auferlegte, mit der Geißelung spätestens sein Ende fände! Ich war in der Logik des Machtmenschen Pilatus gefangen und bin es wahrscheinlich auch heute noch oft genug. Ich nenne es nur ein wenig anders: Man muß Kompromisse schließen können. Man soll die Leute nicht vor den Kopf stoßen.

Die Geißelung hat Jesus fast bis zur Unkenntlichkeit entstellt. Er blutet aus zahlreichen Wunden. Pilatus versucht, Mitleid für ihn zu erregen: „Seht da, was für ein Mensch!" Doch ihm schallt es nur entgegen: „Ans Kreuz mit ihm, ans Kreuz mit ihm!" Ein letzter kläglicher Versuch von Pilatus, das Volk umzustimmen, führt dazu, daß ihm die wahre Anklage gegen Jesus mitgeteilt wird: „Wir haben ein Gesetz, und nach diesem Gesetz muß er sterben, weil er sich als Sohn Gottes ausgegeben hat." - Sohn Gottes! Das läßt Pilatus erzittern. Er ist zwar ein Skeptiker, aber gerade deshalb kann er keine Möglichkeit sicher ausschließen. Mit den göttlichen Mächten will er sich nicht anlegen. Aber die kann er auch nicht sehen. Was er dagegen sehen kann, das ist seine Karriere, sein guter Ruf beim Kaiser. Um den geht es jetzt auch! Die Unentschlossenheit, die von Beginn an den Statthalter ausgezeichnet hat, führt zum letzten feigen Schritt im Prozeß: zum Todesurteil gegen Jesus.

Pilatus hat nicht versucht, Jesus wirklich kennenzulernen. So entging ihm die Chance, die Faszination Jesu zu entdecken und zum Glauben zu finden. Da sind wir in einer besseren Lage, aber auch in einer größeren Verantwortung. Dazu müssen wir uns vor allem darüber klar werden, welchen tieferen Sinn der Tod Jesu hatte.

9. Teil: Gelitten unter Pontius Pilatus, gekreuzigt, gestorben und begraben (II)

Liebe Gemeinde!

Heute möchte ich die Auslegung des Glaubensartikels fortsetzen, in dem es heißt: „Gelitten unter Pontius Pilatus, gekreuzigt, gestorben und begraben". Ich frage nach dem Sinn des Geschehens damals und heute.

Daß Jesus am Kreuz gestorben ist, war kein zufälliges, bedauerliches Zusammentreffen von Irrtümern und Verblendungen. Paulus schreibt: „Christus ist für unsere Sünden gestorben, gemäß der Schrift". (1 Kor 15,3) Jesus selbst erklärt den Emmausjüngern: „Mußte nicht der Messias all das erleiden, um so in seine Herrlichkeit zu gelangen?" Das dürfen wir andererseits freilich nicht so mißverstehen, daß diejenigen, die Jesus verraten und verurteilt haben, nur die willenlosen Ausführer eines Szenarios waren, das Gott im voraus angeordnet hat. (Vgl. KKK n. 599)

Gott ist ewig, für ihn verfließt keine Zeit. Darum ist für ihn jeder Zeitpunkt ewige Gegenwart. Seine Vorherbestimmung bezieht immer das freie Tun des Menschen mit ein. Gott läßt die bösen Taten zu, ohne sie selbst zu wollen, aber er baut sie auch in seinen Heilsplan ein, so daß aus dem Bösen durch Seine Fügung am Ende noch etwas Gutes wird. Gottes Heilsplan, der den Tod Jesu voraussah, war in der Heiligen Schrift bereits angekündigt, vor allem in der Weissagung vom leidenden Gottesknecht, wo es zum Beispiel heißt:

„Er hat unsere Krankheit getragen und unsere Schmerzen auf sich geladen. Wir meinten, er sei von Gott geschlagen, von ihm getroffen und gebeugt. Doch er wurde durchbohrt wegen unserer Verbrechen, wegen unserer Sünden zermalmt. Zu unserem Heil lag die Strafe auf ihm, durch seine Wunden sind wir geheilt. Wir hatten uns alle verirrt wie Schafe, jeder ging für sich seinen Weg. Doch der Herr lud auf ihn die Schuld von uns allen." (Jes 53, 4-6)

Hier wird in aller Deutlichkeit angekündigt, daß der Knecht Gottes stellvertretend für die sündigen Menschen Leiden und Strafe auf sich nehmen wird, daß also Jesu Tod die Sühne für die Schuld der ganzen Menschheit sein sollte. Mit dem Bild des Loskaufs sagt es der heilige Petrus deutlich:

„Ihr wißt, daß ihr aus eurer sinnlosen, von den Vätern ererbten Lebensweise nicht um einen vergänglichen Preis losgekauft wurdet, nicht um Silber oder Gold, sondern mit dem kostbaren Blut Christi, des Lammes ohne Fehl und Makel. Er war schon vor der Erschaffung der Welt dazu ausersehen, und euretwegen ist er am Ende der Zeiten erschienen." (1 Petr 1,18-20)

Das Blut Jesu war der Preis für unsere Erlösung. Jesus hat sein Leben freiwillig hingegeben, um eben diesen Preis zu bezahlen. Selbstverständlich hätte er die Macht gehabt, dieses Schicksal zu verhindern. So betet er einmal: „Jetzt ist meine Seele erschüttert. Was soll ich sagen: Vater, rette mich aus dieser Stunde? Aber deshalb bin ich in diese Stunde gekommen." Und zu Petrus, der ihn im Garten Gethsemani mit dem Schwert verteidigen will, sagt er:

„Steck dein Schwert in die Scheide; denn alle, die zum Schwert greifen, werden durch das Schwert umkommen. Oder glaubst du nicht, mein Vater würde mir sogleich mehr als zwölf Legionen Engel schicken, wenn ich ihn darum bitte?" (Mt 26,53)

Jesus wußte, daß uns nur so retten konnte, daß er an unserer Stelle die Gottferne erlitt, in die uns unsere Sünden gebracht haben; das war die tiefste Verlassenheit, die er am Kreuz aushalten mußte und die ihn rufen ließ: „Mein Gott, mein Gott, warum hast du mich verlassen?" - Wenn wir gerade das Gleichnis vom barmherzigen Vater gehört haben, dann sollten wir diesen Zusammenhang immer mit bedenken: Daß der Vater im Himmel mit uns verlorenen Kindern Erbarmen haben konnte, war nur möglich, weil Jesus den Preis der Barmherzigkeit bezahlt hat.

Darum ist es so wichtig, daß wir das Leiden Jesu betrachten und zum Beispiel den Kreuzweg beten. (Ich bin sehr froh, daß so viele zu unseren Kreuzwegandachten kommen und so zeigen, daß sie Antwort auf die unendliche Liebe Jesu geben möchten, Antwort in Dank, Lob und neuem Vorsatz.) Denn wenn wir dem Gekreuzigten Aug in Auge gegenüberstehen, dann erscheint sogar das, was wir als Liebe zu bezeichnen gewohnt sind, als von einem abgründigen Egoismus durchdrungen; die Sünden eines anderen tragen - das kommt für uns nicht in Frage; aber daß Christus unsere Sünden trägt, das kann uns nur recht sein, wenn er es denn tun will! Ja, vor einem Bild des leidenden Jesus wird uns bewußt, daß es unsere eigenen Sünden waren, die ihm dies Leid zugefügt haben. Denn Jesus wäre auch für mich allein gestorben. Und im Hebräerbrief heißt es: Diejenigen, die in die alten Sünden zurückfallen, „schlagen jetzt den Sohn Gottes noch einmal ans Kreuz und machen ihn zum Gespött." (Hebr 6,6) Dazu sagt der heilige Franz von Assisi: „Dämonen sind nicht jene, die ihn gekreuzigt haben, sondern du, der du ihn zusammen mit ihnen gekreuzigt hast und immer noch kreuzigst, indem du dich in Lastern und Sünden vergnügst."

Die Betrachtung des gekreuzigten Jesus kann uns helfen, die Mitte unseres Lebens zu finden - gerade dann, wenn Krankheiten, Leiden oder die Erfahrung von Schuld oder Tod unsere Lebensentwürfe durchkreuzen.

So führt die Betrachtung des Leidens Jesu zur neuen Anbetung: „Wir beten dich an, Herr Jesus Christus, und preisen dich, denn durch dein heiliges Kreuz hast du die Welt erlöst!"

10. Teil: Hinabgestiegen in das Reich des Todes (Karsamstag)

Liebe Gemeinde!

In der heutigen Predigt spreche ich über den Teil des Credos, in dem es heißt: „begraben, hinabgestiegen in das Reich des Todes". Wir betrachten dabei das Geheimnis des letzten Tags der Karwoche, des Karsamstags. Dieser Tag erscheint uns eher wie ein unbedeutender Übergang zwischen den großen Feiern des Sterbens und des Auferstehens des Herrn. Am Karsamstag gibt es keine spezielle Liturgie, keine Messe und außer dem Stundengebet auch keinen anderen Gottesdienst. Der Tabernakel ist leer geräumt, die Kirche kahl, der Altar ohne Decke und Schmuck - so nimmt dieser Tag auch keine prägende Stelle in unserem Bewußtsein ein.

Und doch wird an diesem Tag ein wichtiges Geheimnis unseres Glaubens begangen und gedeutet, eben der wirkliche Tod Jesu und sein Hinabsteigen in das Reich des Todes.

1. Zunächst bedeutet dieses Glaubensgeheimnis, daß Jesus den Tod wahrhaft gekostet hat. (Hebr 2,9) Jesus war nicht scheintot, wie einige Irrlehrer behauptet haben. Er erlitt den Tod mit all seinen Konsequenzen: d.h. seine Seele trennte sich vom Leib und wurde erst bei der Auferstehung wieder mit ihm vereint.

An dieser Stelle möchte ich kurz innehalten und die Frage ganz allgemein stellen, was im Tod mit uns Menschen geschieht. Wenn wir sagen, die Seele trenne sich vom Leibe, wohin geht sie dann? Ist sie überhaupt noch an einem Ort, wo sie doch selber unkörperlich ist? Seit einigen Jahren werden Menschen, die einige Zeit klinisch tot waren und wiederbelebt wurden, über ihr Erlebnis dabei befragt. Vor allem Elisabeth Kübler-Ross hat darüber eine Reihe Bücher geschrieben.[2] Nach ihren Forschungen haben alle klinisch Toten dasselbe Erlebnis gehabt: Sie sahen ihren eigenen Leib im Bett liegen, von oben sozusagen, hörten auch, was die Ärzte sprachen und wurden dann durch eine Art lichterfüllten Tunnel gezogen in Richtung auf ein Lichtwesen, das unendliche Wärme und Güte ausstrahlte. - Solche Berichte sind zwar glaubwürdig, aber sie beweisen nicht so viel, wie Frau Kübler-Ross meint. Durch sie wird zwar sehr nahegelegt, daß die Seele nach dem Tod weiterbesteht, aber was dann wirklich geschieht, kann man daraus nicht sicher erfahren. V.a. ist es fragwürdig, zu sagen, daß durch solche Erlebnisse erwiesen sei, der Tod sei gar nichts Ernstes, sondern nur eine Art Befreiung der Seele. Eine solche Rede verharmlost den Tod und wertet den Leib des Menschen ab. So sagt

---

[2] KÜBLER-ROSS, Elisabeth: *Erfülltes Leben - würdiges Sterben* (Gütersloher V.-H. /VVA); DIES.: *Interviews mit Sterbenden*, Droemer Knaur Mchn /VVA; DIES.: *Jedes Ende ist ein strahlender Beginn* (Silberschnur); DIES.: *Leben bis wir Abschied nehmen* (Gütersloher V.-H. /VVA).

Kübler-Ross, der Leib, von dem sich die Seele trennt, sei ein bloßer „Kokon", aus dem dann der wahre Schmetterling schlüpfen soll. In Wahrheit ist der Tod nicht eine Befreiung der Seele aus dem Leib, sondern eine Trennung, die zugleich eine Trennung von der Gemeinschaft der Mitmenschen ist. Diese Trennung ist auf jeden Fall negativ zu werten, und die Trauer der Angehörigen ist deshalb durchaus angemessen. In der Bibel heißt es: „Gott hat den Tod nicht gemacht und hat keine Freude am Untergang der Lebenden." (Weish 1,13)

2. Die Seele führt nach der Trennung vom Leibe nicht automatisch ein erfülltes und schönes Leben. Schon der griechische Philosoph Platon wußte, daß die Unsterblichkeit als solche keinen Trost spenden kann, daß sie sogar „eine furchtbare Gefahr" ist für den, der nicht das Gute will. Die Bibel benutzt viele verschiedene Ausdrücke, um den Zustand der getrennten Seele zu bezeichnen. Sie spricht von der „Scheol" und vom „Hades" (Ps 6,6; 88,11ff) als einem Ort der Gottferne und der Erwartung der endgültigen Erlösung. Diesen Ort nennt das Glaubensbekenntnis in nüchterner Sprache „Reich des Todes". In dieses Reich ist die Seele Christi hinabgestiegen, wie es im 1. Petrusbrief heißt: „So ist er auch zu den Geistern gegangen, die im Gefängnis waren, und hat ihnen gepredigt." (1 Petr 3,19) Und etwas später: „Denn auch Toten ist das Evangelium dazu verkündet worden, daß sie wie Menschen gerichtet werden im Fleisch, aber wie Gott das Leben haben im Geist." (1 Petr 4,6) Jesus selbst hat seinen Hinabstieg zu den Toten angekündigt: „Die Stunde kommt, und sie ist schon da, in der die Toten die Stimme des Sohnes Gottes hören werden; und alle, die sie hören, werden leben." (Joh 5,25)

Während der Leichnam Jesu im Grab lag, stieg also seine Seele in das Reich des Todes hinab, zu den übrigen Seelen aller Verstorbenen. In kraftvollen Bildern hat die Kunst dieses Mysterium darzustellen versucht: Jesus bricht die Höllentore auf und zieht im Triumph durch die Unterwelt, um dort allen, die je gelebt haben, die Frohe Botschaft zu verkünden und sie aus den Fesseln des Todes zu befreien. Der Tod muß seine Beute hergeben, weil Jesus, der „Urheber des Lebens", stärker ist und nun die „Schlüssel zum Tod und zur Unterwelt" in Händen hält (Offb 1,18). An Jesus erfüllt sich zuerst, was der 16. Psalm sagt: „Du gibst mich nicht der Unterwelt preis, du läßt deinen Frommen das Grab nicht schauen."

3. Ein weiterer Gedanke legt sich von unserem Thema her nahe: Indem Jesus sich wie ein Weizenkorn in die Erde senken und begraben läßt, nimmt er freiwillig die letzte Ohnmacht an, die das Schicksal jedem Menschen bereitet. Nun kann er nichts mehr tun, nichts mehr sagen - ein tiefes Schweigen liegt über dem Grab Jesu. Maria Magdalena sitzt an diesem Grab und kann nun nichts mehr von Jesus sehen und hören. Und doch sucht sie in ihrer Treue noch die Gemeinschaft mit dem

Gestorbenen, der nunmehr durch sein Schweigen spricht.

Kennen wir diese Erfahrung nicht auch: daß Jesus nicht mehr mit uns zu sprechen scheint, daß er unsere Wünsche und Träume nicht erfüllt hat und daß wir sie deshalb begraben müssen? Was tun wir, wenn Gott schweigt? Wenden wir uns dann von ihm ab, oder versuchen wir, ihn weiterzulieben, und bei ihm zu bleiben? Gott schweigt immer wieder in unserem Leben, aber dieses Schweigen ist befristet, es fordert unsere Treue heraus, damit wir zu neuer und tieferer Begegnung mit ihm kommen können.

Der Karsamstag lädt uns ein, das Schweigen auszuhalten, an dem abwesenden Herrn festzuhalten, ja, mit ihm, dem Begrabenen, eins zu werden. Darin liegt auch ein Gedenken unserer Taufe, denn „durch die Taufe sind wir mit Jesus begraben worden", schreibt Paulus (Röm 6,4). Mit Jesus begraben sein - das bedeutet: uns mit ihm ganz in die Hände Gottes geben, uns Gott ganz überlassen; gleichmütig sein gegenüber allen Dingen; die Vergangenheit hinter uns lassen, die Zukunft der Vorsehung anvertrauen und die Gegenwart Gott übergeben. Gott lädt uns ein, bei ihm auszuruhen von all unserer Unruhe.

Wie der heilige Bonaventura sagt: „Laßt uns den Sorgen und Einbildungen Schweigen gebieten. Laßt uns mit dem Gekreuzigten aus der Welt zum Vater hinübergehen".

11. Teil: Auferstanden von den Toten

Liebe Gemeinde!

In den vergangenen Wochen habe ich die Artikel unseres Glaubensbekenntnisses ausgelegt bis hin zum Geheimnis von Jesu Abstieg in das Reich des Todes. Gerade diesen Aspekt unseres Glaubens an Jesus Christus haben wir gestern und heute in der Liturgie miterlebt. Und jetzt sind wir dabei, die Wende mitzuerleben, nicht nur darüber theoretisch nachzudenken, sondern unser persönliches Leben davon betreffen zu lassen:

Das Weizenkorn, das in die Erde gelegt wurde, hat seine Frucht entfaltet! Jesus, der tot im Grabe lag, ist nicht mehr dort, der Lebende ist nicht unter den Toten zu finden, er hat den Tod überwunden und kann nun nicht mehr sterben!

Was bedeutet das für uns? Ich möchte dies aus zwei Perspektiven entfalten: aus der Sicht von unbeschwerten Menschen, vor allem Kindern, und aus der Sicht von Menschen, die leidgeprüft sind oder jedenfalls verschiedene Brüche im Leben erfahren haben.

Wann immer ich mit Kindern den Kreuzweg Jesu betrachtet habe, konnte ich beobachten, daß sie das Leiden Jesu nur bedenken konnten, wenn sie das „gute Ende" vorwegnahmen: Gut, daß Jesus am Ende wieder auferstanden ist! Es ist für uns unerträglich, dem Leiden eines geliebten Menschen zuzusehen, ohne die Aussicht zu haben, daß alles wieder gut wird. Ein Kind, das Jesus liebt, freut sich über seine Auferstehung, einfach weil damit sein Leiden endlich vorbei ist. Natürlich ist dies auch die natürliche Reaktion eines Erwachsenen, der sich die kindliche Liebe zu Jesus bewahrt hat. Wo Krankheit und Tod das letzte Wort behalten, da beherrschen uns Trauer und Freudlosigkeit. Wäre Jesus nicht auferstanden, dann hätten sein Leben und sein Leiden keinen Sinn gehabt; er wäre eine Zeitlang betrauert und irgendwann vergessen worden. Ohne Auferstehung kein Christentum!

Dieser Aspekt ist zweifellos sehr wichtig und gerade in einer Zeit zu betonen, in der viele, die sich Christen nennen, die Osterbotschaft nicht recht ernst nehmen können oder wollen. Aber er ist doch nur ein erster Schritt zu einem gereiften Verständnis der Auferstehung Jesu. Anders gesagt: Es ist gut, wenn im Erwachsenen noch das Kind lebt, seine unbeschwerte Liebe zu Jesus und, damit verbunden, das Zurückschrecken vor dem Leiden, das z.B. auch Petrus befiel, aber es ist auch notwendig, die Freude über die Auferstehung geistlicher zu empfinden, sie nicht nur als „Happy end" auszukosten. Denn sonst wird es uns schwerlich gelingen, die Osterbotschaft mit unserem eigenen Leben in Zusammenhang zu bringen; der Auferstandene muß uns dann als die große Ausnahme erscheinen, wie ein Hollywood-Star, dessen Heldentaten wir zur Ablenkung vielleicht mal im Kino bewundern, wobei wir freilich wissen, daß es im Leben eigentlich ganz anders zugeht.

Also nun zur geistlicheren Sicht! Sie schließt das Wissen ein, daß in diesem Leben nicht alle Träume und Wünsche bruchlos in Erfüllung gehen. Das ist die Erfahrung des Karsamstags, von der ich am vorletzten Sonntag gesprochen habe, die Erfahrung des Schweigens Gottes. Die Osterbotschaft bedeutet hier, daß Gott uns gerade durch diese Erfahrung hindurch nahe ist. Daß er uns gerade nahe ist, indem er selbst in das Todesschweigen hinabstieg, um uns von dort in sein Leben hinein- und hinaufzuholen. Es kommt darauf an, den rettenden Gott in unserem eigenen Leben zu erkennen und zu sehen, wie er auch heute Steine wegrollt und neues Leben schenkt, wo alte Träume begraben liegen.

In der Osternacht vor 2000 Jahren gingen Frauen in der Dunkelheit zum Grab. Sie wußten noch nicht, daß ihr Weg durch die Nacht der Beginn ihres Osterweges sein sollte. Sie gingen dorthin, wo ihre Freude begraben lag. Sie blieben nicht zu Hause, um sich dem Selbstmitleid zu ergeben. Trotz der tiefen Trauer, die sie umfing, sagten sie sich nicht resigniert: „Da kann man sowieso nichts machen" oder „Dafür ist es zu spät". Redensarten, die bei uns heute immer wieder verhindern, daß wir die Osterbotschaft wirklich in unser Leben einlassen.

Das Evangelium von heute mit seiner überraschenden Wendung ruft Dir und mir zu: Geh genau dahin, wo deine Zukunft eingeschlossen scheint, wo Hoffnung und Liebe verschlossen liegen, wo dein Mut zu ersticken droht! Weißt du denn, ob die Gräber deiner Hoffnung tatsächlich noch verschlossen sind, wenn du nicht nachsiehst? Vielleicht ist der Stein, den du befürchtest, schon lange weggeräumt?! Muß der, den du für deinen Feind gehalten hast, es weiter bleiben? Machen die alten Vorwürfe überhaupt noch Sinn? Warum willst du dich mit den kleinen und großen Grabsteinen in deiner Seele abfinden, wenn Gott sie wegrollen will? Oder glaubst du nicht, daß Ostern immer für eine Überraschung gut ist?

Ich will damit nicht naive Versprechen machen, etwa wie: „Das Glück liegt auf der Straße; Du mußt nur die Augen aufmachen!" Ich möchte vielmehr sagen, daß wir nur von Ostern her die Hoffnung haben können, daß auch die Brüche in unserem Leben, unser Scheitern und unser Leiden einen Sinn haben, ein Ziel, das wir zwar noch nicht kennen, aber in Gottes Vorsehung irgendwie eingeplant ist. Und diese Hoffnung erlaubt es uns, „als neue Menschen zu leben", wie Paulus sagt.

In einem Osterlied heißt es: „Verklärt ist alles Leid der Welt, des Todes Dunkel ist erhellt. Der Herr erstand in Gottes Macht, hat neues Leben uns gebracht!" Weil Christus den Tod besiegt hat, können wir glauben, daß auch unser Leiden verklärt ist, d.h. einbezogen ist in Gottes neu schaffende Liebe. Wir können nun dem Leid ganz realistisch in die Augen sehen, dem eigenen wie dem fremden: dem eigenen, indem wir uns mit Christi Leiden verbinden, um so mit ihm aufzuerstehen; und dem fremden, indem wir es mittragen und Trost geben, soweit es uns möglich ist.

So können wir Zeugnis von unserem Glauben geben! So leben wir - wie der Apostel Paulus sagt - als neue Menschen, als frohe Menschen, denen man die Hoffnung am Gesicht ablesen kann, als friedfertige Menschen, die anderen ihr Unrecht vergeben können, als erlöste Menschen, die sich aus den Mächten der Sünde und des Todes befreit wissen. Amen.

12. Teil: Aufgefahren in den Himmel

Liebe Gemeinde!

Ein Lied von W. Willms trägt den Titel: „Weißt du, wo der Himmel ist? Außen oder innen? Eine Handbreit rechts und links?" - Und es antwortet lapidar: „Du bist mitten drinnen!" In der zweiten Strophe wird ergänzt: „Nicht so tief verborgen! Einen Sprung aus dir heraus, aus dem Haus der Sorgen." Und in der dritten Strophe schließlich heißt es: „Nicht so hoch da oben! Sag doch ja zu dir und mir, du bist aufgehoben!"

In dieser für Kinder vereinfachten Ausdrucksweise wird das von unserer Beschaffenheit als Sinneswesen nahegelegte Mißverständnis abgewehrt, der Himmel, in den Jesus aufgefahren ist und der unsere Heimat werden soll, sei der Himmel über den Wolken. Die englisch Sprechenden werden nicht so leicht auf diese Verwechslung kommen, haben sie doch zwei unterschiedliche Wörter für unser deutsches Wort „Himmel": Den sichtbaren Himmel nennen sie „sky", den religiösen „Himmel" dagegen nennen sie „heaven". Wenn ein Astronaut mit einer Rakete immer weiter und weiter fliegen würde, dann käme er am Ende dort wieder an, wo er gestartet ist, er hätte sich nur im Kreis gedreht. Das ist genauso, wie wenn man auf der Erde immer nur geradeaus läuft, dann läuft man auch nur einmal herum und kommt hinten wieder an. Durch das bloße Reisen durch den Raum, und sei es der Weltraum, kann man die Welt nicht verlassen, man dreht sich gewissermaßen nur im Kreis. Auf diese Weise wird der Himmel im religiösen Sinn nicht erreicht, denn dieser ist Innen, die Innenseite der Welt, die unseren Augen und Ohren verborgen ist. Der Himmel ist da, wo Gott ist, der alles geschaffen hat und von innen her belebt. Gott ist derjenige, in dem wir leben und sind. Er wohnt inniger in uns, als wir selbst in uns sind. Er ist der unvertreibbare Gast unserer Seele.

Wir können uns das derzeit nur mit räumlichen Bildern vorstellen, auch das Wort „Innen" ist ja eine räumliche Beschreibung. Das ist wohl auch der Grund, warum die Jünger Jesus in räumlicher Weise haben auffahren sehen, bis eine Wolke ihn verhüllte. Wie anders sollte Jesus seine endgültige Verherrlichung versinnbildlichen als durch eine räumliche Entfernung „nach oben"? Nach oben - das heißt: weg von dieser Erde, die uns auf Dauer nicht Heimat bieten kann. Aber gerade das ist für viele ein Stein des Anstoßes: „*Freunde, bleibt der Erde treu*!" rief vor 100 Jahren schon Nietzsche aus und gab damit die Parole aus, die seither unsere Medizin und Wissenschaft leitet. Der Mensch des 20. Jahrhunderts wollte sein Leben in der Weise selbst in die Hand nehmen, daß er mit eigenen Kräften das Paradies auf dieser

Erde schaffen wollte - ein auf die Erde gezogener Himmel, ein Himmel ohne Gott. Die ökologische Krise hat dieser innerweltlichen Hoffnung freilich einen gewaltigen Dämpfer versetzt, doch sie hat immer noch nicht aufgegeben, wie man gerade an den zahlreichen Befürwortern der Gentechnik sehen kann, von der man sich nun alles Heil verspricht. Doch was für ein Heil? Ein Heil an Gott vorbei und auch am Menschen vorbei, denn beim sog. „therapeutischen Klonen" sollen menschliche Embryonen gezüchtet werden, um aus ihnen Ersatzteile für Kranke herzustellen. Manche haben deshalb von einer Rückkehr in die kannibalistische Vorzeit gesprochen. Von höchster Stelle werden solche Bedenken indes als „ideologische Scheuklappen" abgetan, und so scheint Goethes Wort aus dem *Faust* wieder einmal zuzutreffen: „Den Teufel spürt das Völkchen nie, und wenn er sie beim Kragen hätte!" Und dieses Völkchen singt munter: „Uns ist ganz kannibalisch wohl, als wie fünfhundert Säuen!"[3]

Vor diesem Hintergrund erscheint die Brisanz und Bedeutung der Auffahrt Jesu in den Himmel in neuem Licht: Wir bereiten uns die Hölle, wenn wir den Himmel selbst schaffen wollen auf dieser Erde; das Heil, das uns verheißen ist, gibt es nicht „hier unten", sondern seine Richtung zeigt „nach oben" und „nach innen". Die Jahrtausendwende scheint einen Bewusstseinswandel eingeleitet zu haben: Immer mehr Menschen spüren, daß dies wirklich die Wahrheit ist. Viele aber kennen diese Wahrheit nicht oder nur sehr vage, weil das 20. Jahrhundert ihnen ganz andere Botschaften eingehämmert hat. Eine wachsende Zahl von Menschen ist der Gottlosigkeit überdrüssig geworden. An uns Christen liegt es darum, ihrer Sehnsucht nach Wahrheit entgegenzukommen und ihnen Rechenschaft von unserer Hoffnung zu geben (1 Petr 3,15), die darauf basiert, daß „Christus nicht in ein von Menschenhand errichtetes Heiligtum hineingegangen ist, in ein Abbild des wirklichen, sondern in den Himmel selbst, um jetzt für uns vor Gottes Angesicht zu einzutreten" (Hebr 9,24; vgl. 7,25).

---

[3] Johann W. v. GOETHE: *Faust*, 1. Teil, Auerbachs Keller.

13. Teil: Er sitzt zur Rechten Gottes, von dort wird er kommen zu richten die Lebenden und die Toten

Liebe Gemeinde!

In der Lesung aus der Offenbarung hören wir, wie Christus spricht: „Siehe, ich komme bald, und mit mir bringe ich den Lohn, und ich werde jedem geben, was seinem Werk entspricht." Gemeint ist der sog. Jüngste Tag und das Gericht nach den Werken. Jesus Christus, der in den Himmel aufgefahren ist, sitzt nun zur Rechten Gottes, des Allmächtigen Vaters, und er wird einst wiederkommen, um Gericht zu halten. Die Gemeinde der Christen fleht dieses Kommen herbei, indem sie ruft: „Komm, Herr Jesus!" Denn die jetzige Zeit ist eine Zeit der Not und der Prüfung, die ganze Schöpfung liegt gleichsam in Geburtswehen und erwartet seufzend den Tag der endgültigen Erlösung (vgl. Röm 8,22f).

So jedenfalls haben es die ersten Christen empfunden, und so fühlen alle Christen, die unter materieller Not, Ungerechtigkeit oder Verfolgung zu leiden haben. Für uns Christen, die wir in relativer Sicherheit und in großem Wohlstand leben, scheint die Wiederkunft Christi nicht gerade der erste Gegenstand des Bittens und Flehens zu sein. Während die Christen z.B. in Lateinamerika sich mit dem Gedanken an das Endgericht trösten - weil dann endlich die Gerechtigkeit triumphiert -, werden viele von uns damit eher erschreckt.

Gott ist gerecht und barmherzig. Diese Eigenschaften stehen untereinander in Spannung, und wieder bewirken die unterschiedlichen Lebensverhältnisse der Christen eine verschiedene Haltung diesen göttlichen Eigenschaften gegenüber. Wer Unrecht erleidet, freut sich im Leiden auf die Gerechtigkeit des göttlichen Richters, wer die eigene Unvollkommenheit spürt, wünscht sich nichts sehnlicher als einen barmherzigen Gott.

Die Spannung kann bis zum Gegensatz gesteigert werden. Dann entsteht die Frage: Ist es möglich, daß Gott in seiner Eigenschaft als gerechter Richter einen Menschen auf ewig verstößt? Aber wie kann man ihn dann noch barmherzig nennen? Es gibt Christen - und sie sind keineswegs die schlechtesten - die geradezu Angst bekommen, wenn sie sich fragen: Gehöre ich vielleicht auch zu denen, die vor Gott nicht bestehen können? Warum hat mich Gott dann bloß erschaffen, wenn er voraussieht, daß ich nicht gerettet werde?

Diese schwierigen Fragen sind sicher ein Grund dafür, daß in der Kirche seit langem kaum noch von der Hölle geredet wird. Man möchte sich nicht gerne dem Vorwurf aussetzen, aus der Frohbotschaft Jesu eine Drohbotschaft zu machen. - Aber so einfach können wir es uns doch wohl nicht machen. Jesus hat mehrfach selbst diese schreckliche Möglichkeit erwähnt, zum Beispiel: „Was nützt es einem Menschen, wenn er die ganze Welt gewinnt, dabei aber sein Leben einbüßt? Um welchen Preis kann ein Mensch sein Leben zurückkaufen?" (Mt 16,26)

Aber widerspricht es nicht der Güte Gottes, wenn auch nur ein einziger Mensch auf ewig verdammt wird? Die Antwort darauf ist kurz gesagt: Es ist nicht so sehr Gott, der einen Menschen vom ewigen Heil ausschließt, als der Mensch selbst, der sich Gottes Gnade verweigert. Gott möchte, daß alle Menschen zum Heil kommen, aber wir sind frei, dieses gütige Angebot Gottes auch abzulehnen.

Dagegen die weitere Frage: Ist es überhaupt vorstellbar, daß ein Mensch nicht in den Himmel kommen will? Wenn ich vor die klare Wahl gestellt werde, Himmel oder Hölle zu wählen, entscheide ich mich dann nicht notwendigerweise für den Himmel? - Darauf läßt sich nicht mit einem Satz antworten. Zunächst ist zu bedenken, daß den Himmel zu wählen zugleich bedeutet, die Liebe zu wählen. „Wer nicht liebt, bleibt im Tode." Da jedoch die Liebe auch anstrengend ist und Opfer und Mühen verlangt, ist nicht jeder Mensch bereit dazu. Die Versuchung zum Egoismus begleitet uns ständig, und nur Gottes Gnade kann uns dagegen helfen. Freilich hat der Mensch in jedem Moment seines Lebens die große Chance, sich von seinem Egoismus und von seinen Sünden gegen die Liebe zu bekehren und sich neu für Gott und für die Liebe zu entscheiden. Das Bußsakrament ist dafür der beste Ausdruck und der leichteste Weg. Doch da tritt uns das große Hindernis des Stolzes entgegen, der uns schmeichelnd einreden will: Das habe ich doch gar nicht nötig! Das wäre eher etwas für die anderen! Oder: Das kann keiner von mir verlangen, selbst Gott nicht! - Die alte Schlange meldet sich und ruft uns zu: „Ihr werdet gewiß nicht sterben."

Ganz sicher ist jedenfalls und in der geistlichen Erfahrung millionenfach bezeugt, daß der Mensch, der seine Bekehrung immer wieder aufschiebt, allmählich verhärtet und immer blinder wird für seine geistliche Notlage. Der bedeutende christliche Schriftsteller C.S. Lewis hat dies auf eindrucksvolle Weise in seinem Buch „Die große Scheidung" deutlich gemacht. Er hat darin Dialoge von Menschen erfunden, die nach ihrem Tod alten Bekannten begegnen, die sie in den Himmel hineinholen wollen. Dies gelingt jedoch nur in manchen Fällen; viele verweigern sich dieser ihrer letzten Möglichkeit der Umkehr aus ihrer je verschiedenen Fehlhaltung, die sie hindert, in den Himmel einzugehen.

Gott ist Liebe und unendliche Glückseligkeit. Wir Menschen sind nach seinem Bild geschaffen und berufen, an Gottes Herrlichkeit teilzunehmen. Das Leben hier auf Erden ist wie eine Bewährungszeit, eine Zeit der Einübung in die Liebe. Aber es ist auch eine Zeit der Versuchungen und Verirrungen. Ohne das Entgegenkommen Gottes in Jesus Christus hätte kein Mensch eine Chance, aus den Verirrungen und Verstrickungen in das Böse herauszukommen. Die meisten Menschen haben beides in ihrem Herzen: eine Sehnsucht nach der Liebe und durchaus auch liebevolle Seiten und andererseits eine Neigung zur Selbstherrlichkeit, zum Stolz, zur Ichsucht. Am Ende unseres Lebens wird notwendigerweise eine dieser beiden Ausrichtungen die andere ausgetrieben haben, das ist Gericht, Scheidung. Bis zuletzt haben wir die Freiheit, das Gute zu wählen und Gottes Gnade anzunehmen. Aber je länger wir damit warten, umso schwerer wird uns diese Entscheidung fallen. Darum mahnt uns Paulus: „Laßt uns ablegen die Werke der Finsternis und anlegen die Waffen des Lichts." (Röm 13,12)

14. Teil: Ich glaube an den Heiligen Geist

Liebe Gemeinde!

Es wird viel geklagt heute, geschimpft und kritisiert - über das Wetter, über die Wirtschaftslage, die Politik und nicht zuletzt über die Kirche. Heute, liebe Schwestern und Brüder, ist die große Gelegenheit, innezuhalten und nachzudenken, was uns eigentlich die Frohe Botschaft sagt. Oder sagt sie uns gar nichts mehr? Ist für uns die Frohe Botschaft wirklich Wort des Lebendigen Gottes, ein Wort, das ins Heute spricht, ein Wort, das uns Antwort gibt auf unsere Fragen? Und zwar eine kraftvolle Antwort, weil sie vom Lebendigen Gott selber kommt und darum unendlich viel mehr sagt als die abgedroschenen Phrasen, mit denen wir Tag für Tag eingedeckt werden und die wir selber auch immer wieder in den Mund nehmen!

Diejenigen aus unserer Gemeinde, die schon mal an einem Bibelgespräch teilgenommen habe, wissen, wovon ich spreche: sie - und sicher noch zahlreiche andere - haben die Erfahrung gemacht, daß Gottes Wort tatsächlich einen unerschöpflichen Reichtum birgt, einen Schatz an tröstenden, stärkenden, ermutigenden, reinigenden, klärenden, befreienden, heilenden, Rat gebenden Worten, die für jeden lebendig werden können, der sich nur dafür öffnet. *„Empfangt den Heiligen Geist!"* hat Jesus nicht nur damals den Aposteln gesagt, sondern dieses Wort ist auch eine Aufforderung an uns heute, Empfangende zu werden, Empfangende für die große Gabe, den Heiligen Geist, der allein dazu in der Lage ist, „das Angesicht der Erde zu erneuern".

Wie war es denn damals beim Pfingstfest in Jerusalem? Da saßen die Jünger Jesu hinter verschlossenen Türen, voller Kleinmut und Furcht, aber jedenfalls im Gebet geeint. Plötzlich kam der Heilige Geist über sie, und sie redeten in fremden Sprachen, so daß alle sie verstehen konnten. 3000 Menschen wurden allein an jenem Tag im Herzen getroffen und zur Umkehr geführt. Ein neues Sprechen und ein neues Hören ereignete sich, das Pfingstwunder des Heiligen Geistes! Sollte das etwa heute nicht mehr möglich sein? Aber sicher ist es heute möglich, und es ereignet sich auch immer wieder: jedesmal wenn ein Christ mit wahrhaftigem Herzen Worte des Glaubens, des Hoffens und der Liebe findet und ausspricht und ein Angesprochener sie mit aufrichtigem Herzen aufnimmt; jedesmal wenn Christen sich im gemeinsamen Gebet versammeln und dabei leise Einheit und Frieden verspüren. Ganz besonders greifbar wird das Wirken des Heiligen Geistes, wo immer Eltern ihren Kindern von Gott erzählen und das kindliche Gemüt von echtem Glauben und dankbarer Freude erfüllt wird. Hier zeigt sich, wie sehr es auf unsere

Offenheit für das Wirken des Heiligen Geistes ankommt und wie recht Jesus hat, wenn er sagt: „Wenn ihr nicht werdet wie die Kinder, könnt ihr nicht in das Reich Gottes gelangen." Und zugleich wird deutlich, welch unersetzlichen Verlust es für ein Kind bedeutet, wenn ihm die religiöse Unterweisung - aus welchen Gründen auch immer - versagt wird.

Liebe Gemeinde! Die Gnadenstunde des Heiligen Geistes kann und soll für jeden kommen. Nicht umsonst haben wir eben in der Pfingstsequenz gebetet - und so sollten wir eigentlich jeden Tag voller Inbrunst beten:

„Was befleckt ist, wasche rein, Dürrem gieße Leben ein, heile du, wo Krankheit quält. Wärme du, was kalt und hart, löse, was in sich erstarrt, lenke, was den Weg verfehlt."

Zeigt nicht das allgemeine Klagen, von dem ich eingangs sprach, daß wahrlich ein großer Bedarf besteht an Heilung und Erneuerung? Doch nicht Klage, Kritik und Resignation dürfen die Antwort des Christen sein, sondern Vertrauen auf das Wirken des Göttlichen Geistes! Wie oft spüren wir, daß es in unserm Innern dürr ist wie ein Acker ohne Regen, daß unsere Seele wund ist von Rissen, die durch unser ganzes Wesen gehen und denen kein Arzt beikommen kann, wo nur der heilmächtige „Finger Gottes" helfen kann! „Er allein kann das Starre und Verkrampfte lösen; den Widerwillen, den Trotz, den Haß; das festgewordene Böse; die Gleichgültigkeit, die Härte, die Kälte, die stumme Not, welche verzweifelnd fühlt, wie furchtbar es ist, und doch nicht heraus kann. Nein, wir können nicht aus uns heraus. Er muß kommen, der befreiende Geist, und uns durch uns selbst Gefangene in Gottes Weite führen." (R. Guardini)

Geben wir Raum dem Heiligen Geist, denn wenn wir ihn in uns einlassen, dann spüren wir auch seine stärkende, tröstende, ermutigende und schwungbringende Energie, seine begeisternde Kraft, die unseren Glauben neu entzündet und uns Mut zum Zeugnis gibt.

Ja, der Geist Gottes macht uns wahrhaft frei, er macht uns neu und macht unsere Gemeinde neu, die ganze Kirche. Lassen wir ihn in uns ein, ersehnen wir ihn mit Gebeten und Liedern, daß er für uns ein neues Pfingsten herbeiführt. Amen.

15. Teil: Ich glaube an die heilige katholische Kirche

Liebe Gemeinde!

Dank sei dem Herrn, der mich aus Gnad' in seine Kirch' berufen hat; nie will ich von ihr weichen. Ich singe dieses Lied gern, nicht nur wegen der schönen Melodie. Manchen geht es ähnlich; andere dagegen haben gegen dies Lied eine tiefe Abneigung. Im Rahmen meiner Predigtreihe über das Glaubensbekenntnis möchte ich heute über den Artikel zu sprechen: „Ich glaube an die heilige katholische Kirche".

Die Kirche ist immer schon angefeindet und verfolgt worden, aber sie ist ebenso glühend verteidigt und geliebt worden. Leider beteiligen sich heute auch viele Christen an der herben und ungerechten Kritik an der Kirche, die uns allenthalben aus den Massenmedien entgegenschlägt. Was ist der Grund dafür? Ich denke, es liegt vor allem daran, daß man die Kirche ähnlich wie den Staat ansieht und sie wie eine unter vielen politischen Organisationen betrachtet. Die ganze Verdrossenheit gegenüber der Politik und das geschwundene Vertrauen in die Staatsdiener überträgt sich so leicht auf die Kirche. Dazu kommt dann der absolute Anspruch der Kirche, die Wahrheit zu kennen und zu verkündigen: Ein solcher Anspruch steht im Widerspruch zu demokratischen Prinzipien moderner Gesellschaften; wer im öffentlichen Leben ernst genommen werden will, darf sich nicht absolut setzen, sondern muß jederzeit zugeben, daß andere Meinungen ebenso recht haben können.

Wäre die Kirche nur eine menschliche Institution, eine soziologische Größe, dann müßte sie sich natürlich nach den Maßstäben des modernen demokratischen Denkens verhalten. Ich will das gar nicht weiter ausführen, weil die ganze Annahme auf einem Irrtum beruht: Die Kirche **ist** nämlich keine rein menschliche Institution, sondern sie ist in erster Linie eine göttliche, unsichtbare Wirklichkeit, ein Geheimnis, das nur im Glauben erkannt und verstanden werden kann. In ihr lebt Christus auf mystische Weise weiter, er ist ihr Haupt, sie ist sein Leib; der Heilige Geist belebt die Kirche, so wie die Seele den menschlichen Leib beseelt. „Wo die Kirche ist, da ist der Geist Gottes, und wo der Geist Gottes ist, da ist die Kirche und alle Gnade", sagt der hl. Irenäus. Deshalb ist die Kirche heilig, unbefleckt und makellos, obwohl ihre Glieder - wir Christen - Sünder sind und durch unsere Sünden die wesentliche Heiligkeit der Kirche verdecken.

Als ich mit etwa 18 Jahren den katholischen Glauben wiederentdeckte, da ging mir zugleich auf, was die Kirche damit zu tun hat: nämlich schlechterdings alles. In dem Maße, in dem ich als Kind von meinen Eltern zur Kirche geführt wurde, in dem

Maße wurde mir der Glaube geschenkt, und in dem Maße, in dem ich mich in meiner Jugendzeit von der Kirche entfernt und mich meinen eigenen scheinbar vernünftigen Ideen und Theorien überlassen hatte, in dem Maße hatte ich den Glauben verloren. Denn es ist die Kirche, die die Botschaft Jesu getreu überliefert hat durch die Jahrhunderte, und es ist der Heilige Geist, der bis heute und bis zum Jüngsten Tag in der Kirche wirkt, damit sie den rechten Glauben bewahren kann. Sobald mir dies geradezu schlagartig klar wurde, empfand ich eine große Liebe zur Kirche, die ich bis heute nicht verloren habe und mit Gottes Hilfe hoffentlich nie verlieren werde. Dank der Kirche darf ich glauben, bin getauft und so Kind Gottes. Die Kirche ist gewissermaßen die Mutter aller Christen, denn durch die Taufe gehören wir ihr als Glieder an und haben Gott zum Vater. Seit der Zeit bin ich jeden Tag zur Messe gegangen, und es hat mich nur wenig gestört, daß ich an Werktagen der einzige meines Alters war.

Freilich weiß ich, daß es auch viele dunkle Seiten an der Kirche gibt und in der Vergangenheit gegeben hat. Es wäre falsch und unlauter, das zu verschweigen. Viele Christen und auch Nichtchristen hatten unter Amtsträgern der Kirche wie auch unter gewöhnlichen Mitchristen zu leiden. Und von dem Ärgernis der Spaltung der Christenheit will ich jetzt gar nicht reden, sonst käme ich an kein Ende. So wird die Heiligkeit der Kirche verdunkelt, und viele nehmen Anstoß an ihr. Und doch ist es überaus erstaunlich, daß die Kirche bisher nicht untergegangen ist, wie es allen mächtigen Reichen und Institutionen gegangen ist. Offenbar hat sie eine größere Kraft zur Selbstkritik und Selbstreinigung als gewöhnliche menschliche Organisationen. Obwohl sie aus Menschen besteht, die fehlbar sind und sich ganz und gar festfahren können, atmet tief in ihr der Heilige Geist, der stets zur Erneuerung und Reinigung des Glaubens und der Liebe antreibt. Besonders deutlich sichtbar wird das an den zahlreichen Heiligen, die in der Kirche gewirkt haben. Ganz gleich, welches Lebenszeugnis wir betrachten, immer werden wir feststellen, daß die Heiligen vor allem aus den Sakramenten der Kirche gelebt und ihre Kraft bezogen haben. Selbst wenn ihnen tiefes Unrecht von seiten der Bischöfe oder des Papstes zugefügt wurde, haben sie die Kirche nie verlassen oder zum Kampf gegen die Kirche aufgerufen. Gerade durch ihr vorbildliches Leben haben sie dazu beigetragen, daß die göttliche Seite der Kirche wieder zum Vorschein kam und Mißstände ausgeräumt wurden. Sie wußten, daß sie mit Christus nur eins bleiben konnten, wenn sie mit der Kirche verbunden blieben.

Was bedeutet das für uns? Vor vierzig Jahren war es vergleichsweise leichter, sich mit der Kirche zu identifizieren, man brauchte sich nur in die große Schar der Kirchgänger einzureihen und war ergriffen von dem Gefühl: „Ein Haus voll Glorie schauet weit über alle Land, aus ewgem Stein erbauet von Gottes Meisterhand!" Aber wir wissen, daß das nur eine sehr kurze Epoche war. Vorher hatten die Nazis die Kirche verfolgt, nachher zerstreute sich die große Herde, und die Glorie war nicht mehr so deutlich sichtbar. Darin liegt heute vielleicht die größte Anfechtung: Habe ich aufs falsche Pferd gesetzt? Wo sind die Scharen geblieben? Jesus sagt im heutigen Evangelium: „Fürchte dich nicht, du kleine Herde!" Ob wir viele sind oder wenige - es kommt vor allem darauf an, daß wir dem Herrn treu bleiben und uns nicht irremachen lassen vom zeitbedingten Auf und Ab des äußerlich Sichtbaren. In unserer Treue liegt der Same für viele Bekehrungen.

16. Teil: Ich glaube an die Gemeinschaft der Heiligen

Liebe Gemeinde!

Der berühmte Philosoph Blaise Pascal hatte in seinem Rock einen Zettel eingenäht, den man nach seinem Tod fand. Darauf standen die Worte: *„Feuer, Gewißheit, Gewißheit, Empfindung, Freude, Friede, Vergessen der Welt und aller Dinge, ausgenommen Gott."*

Diese Worte sind wie ein persönlicher Kommentar zum Wort Jesu: „Ich bin gekommen, um Feuer auf die Erde zu werfen. Wie froh wäre ich, es würde schon brennen!" - Ich möchte es heute wagen, dieses Wort mit dem Glaubensartikel in Verbindung zu bringen, in dem es heißt: „Ich glaube an die Gemeinschaft der Heiligen."

Dazu scheint mir eine Vorbemerkung nötig. Ich glaube, in den letzten zwanzig Jahren wurde in der Kirche - gerade auch von Predigern - das Wort „Gemeinschaft" häufiger denn je in den Mund genommen - aber man kann den Eindruck gewinnen, hier werde eher der Versuch gemacht, etwas zu beschwören, das nicht da ist, als etwas zu beschreiben, was jeder fühlt und sieht. Kann es sein, daß viele Theologen nicht mehr so recht an die Kommunion mit Christus glauben und deshalb um so mehr über Gemeinschaft reden müssen, damit die „Gemeinde" Bescheid weiß, warum es sie überhaupt gibt?

Wird hier womöglich die natürliche Reihenfolge auf den Kopf gestellt, nämlich zuerst die Erfahrung der Gemeinschaft mit Christus in Glaube und Sakrament und danach allmähliches Verstehen durch Belehrung? Will man heute Gemeinschaft durch viele Worte herstellen oder herbeireden? Hätte sich Blaise Pascal durch die Lektüre eines Buches „Kirche ist Gemeinschaft" veranlaßt gefühlt, einen Zettel mit den Worten *„Feuer, Gewißheit, Gewißheit, Empfindung, Freude, Friede, Vergessen der Welt und aller Dinge, ausgenommen Gott"* zu beschriften und zeitlebens mit sich herumzutragen?

Um es pointiert zu sagen: Worte sind leer und kraftlos, wenn nicht eine Erfahrung dahintersteht. Und die Erfahrung kann nicht durch Worte hergestellt werden, man muß sie machen. Und wenn man die Erfahrung vergessen oder verloren hat, muß sich neu für sie öffnen und dem Feuer Christi Einlaß geben. Und das ist möglich, weil das Feuer des Geistes nicht erlischt. Und noch konkreter: Weil es die Gemeinschaft der Heiligen gibt!

Damit kann ich die Vorbemerkung abschließen und zum Eigentlichen übergehen. Ein eindrucksvolles Zeugnis von der Gemeinschaft der Heiligen gibt der bekannte Staatsrechtler Martin Kriele in seinem Buch „Anthroposophie und Kirche".[4] Kriele schreibt:

„Wie kann die Anthroposophie allen Ernstes beanspruchen, die Verkündigung der Kirche ersetzen zu können? Diese Frage überfiel mich eines Tages mit einer merkwürdig eindringlichen Wucht, als ich dem Rosenmontagszug unter dem Kölner Dom zusah. Werden die Hunderttausende fröhlich feiernder Menschen jemals die Zyklen Rudolf Steiners über die Evangelien, über das Mysterium von Golgatha, über die Hierarchien der Engel studieren? ... Sollten sie wirklich auf die individuelle Initiation verwiesen bleiben, damit sie erfahren, daß Jesus wirklich der Christus war, daß er seinen Jüngern im Auferstehungsleib erschienen ist, daß er bei uns ist alle Tage bis ans Ende der Welt?

Nicht Rudolf Steiner, sondern allein der Kirche ist es zu verdanken, daß all diese Menschen Christen sind. ...

Was für eine unglaubliche Kulturleistung hat die Kirche vollbracht, diese um mich her schunkelnden Menschen mit Christus in Verbindung gebracht zu haben! Es erscheint fast unmöglich, und doch ist es gelungen: ein Wunder, das nicht anders erklärbar ist als durch den Gedanken an Gnade, Segen und Mitwirken des Heiligen Geistes."

Und dann kommt Kriele auch auf das Thema Gemeinschaft zu sprechen - unter dem Titel „geistige Kommunion mit Christus", einem auch für Anthroposophen erstrebenswerten spirituellen Ziel. Er sagt wörtlich:

„Das Leben der Anthroposophie führt statt zur geistigen Kommunion mit Christus zum Reden über sie."

Und er sieht den Grund darin, daß die Anthroposophie eine überwiegend theoretische Sache ist, die nur auf gewisse elitäre Typen zugeschnitten ist. Dagegen setzt er die Liturgie der Kirche:

„Es gibt für uns normal begabte Menschen kaum ein größeres und tiefer mit Christus verbindendes Erlebnis als die Teilnahme an einer mit inniger Frömmigkeit gefeierten Liturgie. Und indem uns der Kultus mit Christus verbindet, wenden wir

---

[4] *Anthroposophie und Kirche. Erfahrungen einer Grenzgängers.* Freiburg: Herder, 1996. - Das Kapitel, auf das ich mich beziehe, ist abgedruckt in: Michael MÜLLER (Hrsg.): *Von der Lust, katholisch zu sein.* Aachen: MM-Verlag, 1993, 117fff.

uns durch ihn dem Vater zu und erfahren das Walten des Heiligen Geistes. So stehen wir in Ehrfurcht und Danksagung der Trinität gegenüber."

Es fehlte nur noch die Erwähnung der Gemeinschaft mit den Engeln und Heiligen und den Verstorbenen - dann wäre das eine komplette Erklärung der Gemeinschaft der Heiligen!

Die Gemeinschaft der Heiligen gibt Ausdruck für einen recht verstandenen Vorrang der Praxis vor der Theorie. Sie zeigt, daß die Offenbarung Gottes für alle Menschen da ist und nicht nur für einen kleinen Zirkel. Wer in dieser Gemeinschaft steht, weiß sich von den anderen mitgetragen, auch von den längst Verstorbenen. Sie ist mehr als ein Zweckverbund, sie ist wie eine ständige Bluttransfusion, durch die unser vergiftetes Blut erneuert wird. Was dem einen fehlt, das ersetzt ein anderer durch sein Gebet und Opfer.

Wer diese Gemeinschaft erfährt - und dazu braucht es keine Predigt - der erfährt das Feuer Christi, das aus einer ganz anderen Welt kommt und zur Entscheidung drängt. Wen dieses Feuer in Brand gesetzt hat, der kann gar nicht anders, er muß dieses Feuer weitergeben und wird Frieden finden, nicht einen Frieden, wie die Welt ihn gibt, der kaum mehr ist als Gemütlichkeit vorm Fernsehen oder in der Gartenlaube, sondern einen Frieden von Gott her und für die Ewigkeit.

17. Teil: Ich glaube an die Vergebung der Sünden

Liebe Gemeinde!

Der berühmte Neustestamentler Franz Mussner hat im letzten Jahr ein kleines Büchlein herausgebracht, das den Titel trägt: „Was hat Jesus Neues in die Welt gebracht". In 15 Kapiteln gibt uns der Gelehrte Auskunft über das Neue, das Jesus gebracht hat. Das ist für uns deshalb so wichtig, weil wir immer wieder in der Gefahr stehen, die Botschaft Jesu für altbekannt zu halten und eher nach etwas anderem Ausschau halten, das unseren Drang nach Neuem befriedigen könnte. Sollte es wirklich so sein, daß das Neue Testament alt geworden ist und wir etwas ganz Neues brauchen? Das aber hieße, daß auch Gott alt geworden wäre, wie wir IHN uns ja tatsächlich manchmal als furchtbar alten Mann vorstellen - was natürlich ein völliger Unsinn ist.

Zu dem Neuen, das Jesus in die Welt gebracht hat und das stets aktuell ist und nie veraltet, gehört seine Botschaft und Praxis der Vergebung der Sünden. Von dieser spricht der drittletzte Artikel unseres Glaubensbekenntnisses.

Als Jesus einmal zu einer großen Zahl Menschen sprach, da brachte man einen Gelähmten zu ihm, woraufhin er zu diesem sagte: „Deine Sünden sind dir vergeben." Doch die anwesenden Schriftkundigen mußten denken: „Wie kann dieser Mensch so reden? Er lästert Gott. Wer kann Sünden vergeben außer dem einen Gott?" - Jesus geht auf ihren Zweifel ein, indem er den Kranken von seiner Lähmung heilt und so beweist, daß er in der Tat bevollmächtigt ist, Sünden zu vergeben. (Mk 2,1-12)

Um den Zweifel der Schriftgelehrten zu verstehen, müssen wir uns einmal neu klar machen, was Sünde eigentlich ist - das wußten diese nämlich sehr wohl, während wir von Sünde eher in einem verharmlosenden Sinn sprechen, z.B.: „Ich habe zuviel Süßes gegessen und so gesündigt." Sünde kommt von „Sondern"; die Sünde trennt von Gott, sie ist eine Beleidigung Gottes, und darum heißt es im Psalm: „Gegen dich allein habe ich gesündigt, ich habe getan, was dir mißfällt." (Ps 51,6) Sünde ist alles andere als harmlos. Ihr Lohn ist der Tod (Röm 6,23), d.h. die ewige Trennung von Gott, die Verdammnis.

Das wußten die Juden damals alle sehr gut. Ihre Priester und Lehrer stellten ihnen das Gesetz Gottes vor, das die Wegweisung geben sollte für ein Leben ohne Sünde. Wer sich nicht an das Gesetz hielt, galt als Sünder und verworfen. Auch die schwer Kranken und Aussätzigen galten als von Gott verworfen; sie wurden gemieden, weil schon eine Berührung zur Unreinheit führen konnte. Eine Hoffnung auf Vergebung und Befreiung vom Makel der Sünde und Unreinheit gab es kaum; wer das Gesetz einmal übertreten hatte, hatte im Grunde sein Schicksal besiegelt.

Wie ganz anders war da das Verhalten Jesu! Er ging immer wieder gerade auf die Ausgestoßenen zu, die „Zöllner und Sünder", und pflegte mit ihnen Tischgemeinschaft zum Zeichen dafür, daß sie wieder integriert waren in die Gemeinschaft der Kinder Gottes, weil er ihnen die Sünden vergeben hatte. Wir kennen seine Verkündigung der erbarmenden Liebe Gottes, z.B. in den berühmten Gleichnissen vom Verlorenen, vom verlorenen Schaf, von der verlorenen Drachme und dem verlorenen Sohn (Lk 15). Aber wir empfinden kaum die Freude, die Jesus als Frucht der Vergebung herausstellt, die Freude auf Seiten des Wiedergefundenen und die Freude, die im Himmel herrscht (Lk 15,10). Die Freude kann sich ja nur einstellen, wenn man vorher den Verlust schmerzlich gespürt hat.

Da liegt unser Problem! Wir fühlen uns gar nicht so verloren, wie wir in Liedern manchmal singen: „Menschen, die ihr wart verloren..." Unser Empfinden hat seine religiöse Tiefe eingebüßt, es richtet sich meistens nur auf körperlich-sinnliche Qualitäten. Die Sünde können wir nicht sehen, nicht riechen, nicht schmecken, aber sie ist ein großes Übel, ja ein viel größeres Übel als alle körperlichen Defekte. Wäre die Sünde harmlos, dann wäre der Kreuzestod Jesu ganz und gar überflüssig gewesen, denn „durch sein Blut haben wir die Vergebung der Sünden" (Eph 1,7).

Jesus sagt eindringlich: „Fürchtet euch nicht vor denen, die den Leib töten, die Seele aber nicht töten können, sondern fürchtet euch vor dem, der Seele und Leib ins Verderben der Hölle stürzen kann." (Mt 10,28) Nur vor dem Hintergrund dieses ernsten Wortes kann uns aufgehen, welch großartiges Ostergeschenk Jesus seiner Kirche gemacht hat, als er den Aposteln im Abendmahlssaal sagte: „Empfangt den Heiligen Geist! Wem ihr die Sünden vergebt, dem sind sie vergeben; wem ihr die Vergebung verweigert, dem ist sie verweigert." (Joh 20,22f) Und nur vor diesem ernsten Hintergrund können wir verstehen, warum der hl. AUGUSTINUS sagt:

„Gäbe es in der Kirche nicht die Sündenvergebung, so bestünde keine Hoffnung auf ein ewiges Leben und eine ewige Befreiung. Danken wir Gott, der seiner Kirche ein solches Geschenk gemacht hat."

Jesus hat nicht nur selbst Sünden vergeben und damit Hoffnung geschenkt, einst in ewiger Freude bei Gott zu sein, er hat die Vollmacht zur Vergebung auch seiner Kirche weitergegeben. Wann immer ein Mensch das Bußsakrament empfängt und die Worte hört: „Ich spreche dich los von deinen Sünden im Namen des Vaters und des Sohnes und des Heiligen Geistes“, ist er von seinen Verfehlungen befreit und darf wieder aufatmen.

Ich durfte im Wallfahrtsort Medjugorje erleben, wie Tausende von Menschen dieses Sakrament suchten, wie morgens, mittags und abends die Leute Schlange standen, um von einem der zahlreich anwesenden Priester die Lossprechung zu erhalten. Ihnen stand die Freude über die Vergebung auf dem Gesicht geschrieben. Ewig neu ist der Ruf Jesu: „Kehrt um!“, und immer neu kann uns die Erfahrung zuteil werden: „denn das Himmelreich ist nahe.“ (Mt 4,17)

18. Teil: Ich glaube an die Auferstehung der toten

Liebe Gemeinde!

1. „Paulus, du spinnst! Das viele Studieren treibt dich in den Wahnsinn." (Apg 26,24) Mit diesen Worten reagierte der Statthalter Festus auf die Rede des Paulus, als dieser im Jahr 56 in Caesarea verhört wurde und dabei auf die Auferstehung Jesu zu sprechen kam. Ganz ähnlich war es Paulus schon ein paar Jahre vorher in Athen ergangen. Vor den Gelehrten Athens hatte er die Gelegenheit, seine Lehre darzulegen. Sein Vortrag stieß auf wohlwollendes Interesse bis zu dem Augenblick, wo er von Jesu Auferweckung sprach. Da jedoch spotteten die einen, und andere sagten: „Darüber wollen wir dich ein andermal hören." (Apg 17,32)

Der christliche Glaube an die Auferstehung ist von Anfang an auf Unverständnis und Widerstand gestoßen. Viele Menschen nehmen wohl an, daß das Leben der menschlichen Person nach dem Tod irgendwie geistig weitergeht. Aber wie kann man glauben, daß unser sterblicher Leib zum ewigen Leben aufersteht? (Vgl. KKK 996)

2. Die Aussicht auf ein rein geistiges Weiterleben nach dem Tod ist allerdings alles andere als tröstlich. Das kann uns ein Film vor Augen führen, der vor einigen Jahren im Kino lief: „Ghost - Nachricht von Sam." Darin spielte ein Mann die Hauptrolle, der gleich zu Beginn des Films erschossen wird und seinen toten Körper dann auf der Straße liegen sieht, während er selber weiterlebt - allerdings ohne Körper, als Geist, der durch Wände gehen kann, aber deswegen auch keinen anderen Menschen mehr berühren kann.

Im Film wird ganz offensichtlich, daß die Existenzweise von Sam keineswegs glücklich zu nennen ist. Er nimmt zwar alles wahr, was die lebenden Personen sagen und tun, aber er kann seinerseits in das Geschehen nicht eingreifen und sich auch nicht auf normale Weise mitteilen. Dies ist ihm nur ganz umständlich möglich über ein Medium, eine Frau, die ihn hören, aber nicht sehen kann. Aber so ist ihm ausgerechnet das genommen, was für ihn im Leben am wichtigsten ist: Seine Frau in den Arm zu nehmen, sie zu berühren und ihr so ganz nah zu sein. Wenn unser Weiterleben nach dem Tod so aussehen würde wie das von Sam in diesem Film, dann wäre es vielleicht besser, gar nicht weiterzuleben. Wir Menschen bestehen aus Seele und Leib, der Leib gehört so wesentlich zu unserem Wesen, daß ein bloßes Fortbestehen unserer unkörperlichen Seele in keiner Weise erstrebenswert erscheint. Mit unserem Leib drücken wir aus, was in unserer Seele vorgeht, nur mittels unseres Leibes können wir Gesten der Zärtlichkeit austauschen und überhaupt unserem geistigen Empfinden Ausdruck geben. Ja, schon im Gesicht, ja im Auge eines Menschen spiegelt sich die je einzigartige Besonderheit der Person; Leib und Seele sind derart eng miteinander verbunden, daß es absurd wäre, sich vorzustellen, die Seele könnte in einem anderen Leibe reinkarnieren. Wenn also eine körperlose Existenz der Seele etwas Mangelhaftes ist und eine Wiedervereinigung mit einem Körper gedacht werden soll, dann kann es nur derselbe Leib sein, den der Mensch in seinem irdischen Leben hatte. Und dies ist genau der christliche Glaube.

3. Aber bevor sogleich die Einwände kommen, müssen dazu noch einige Ergänzungen gemacht werden. Erstens: Die bisher angestellten Überlegungen sind rein negativer Art, sie sind kein Beweis, sondern entwickeln nur die Konsequenzen verschiedener Ansichten über ein Weiterleben der Seele, ohne Bezug auf die biblische Offenbarung zu nehmen.

Darum muß nun zweitens der positive Grund unseres Glaubens ins Zentrum der weiteren Überlegungen gestellt werden: die Auferstehung Jesu von den Toten. Oft hört man, daß Leute sagen: „Wer weiß, was nach dem Tod passiert. Es ist ja noch keiner wiedergekommen." Dieser Satz ist bis auf eine Ausnahme richtig. Einer ist wiedergekommen, nämlich Jesus von Nazareth, dessen Leichnam tot im Grabe lag, der aber am dritten Tag wieder auferstanden und seinen Jüngern leiblich erschienen ist. Leiblich erschienen, nicht als Geist, erkennbar in seiner individuellen Gestalt, an der sogar die Wundmale noch sichtbar waren. So sagt er: „Seht meine Hände und Füße an: Ich bin es selbst." (Lk 24,39) Schon im ersten nachchristlichen Jahrhundert gab es eine Irrlehre, derzufolge der Sohn Gottes nur einen Scheinleib angenommen hatte. Jesus sei deshalb gar nicht wirklich gestorben, sondern habe nur diese Scheinexistenz verlassen und lebe nunmehr rein geistig. Diese Irrlehre verdankt sich einer generellen Abwertung der Materie, die als unvollkommen oder gar als böse angesehen wird. Dagegen haben die großen Theologen einmütig protestiert und festgehalten, daß Gott wahrhaft Fleisch geworden ist bei der Geburt in Nazareth, ebenso wahrhaft gestorben ist am Kreuz und ebenso wahrhaft auferstanden ist am dritten Tag. Die Materie ist nichts Schlechtes oder Unvollkommenes, sie ist Schöpfung Gottes genauso wie die Seelen der Menschen.

Das heißt dann auch, daß im Grabe kein Leichnam mehr war; es bedeutet, daß durch ein wunderbares Eingreifen Gottes die Seele Jesu mit seinem Leib wiedervereinigt wurde, wobei freilich - wie wir sagen - der Leib zugleich verklärt wurde. „Verklärt" - das bedeutet, dieser neue Auferstehungsleib Jesu war nicht mehr den Gesetzen und Gebrechen unserer vom Tod gezeichneten Welt unterworfen, er war und ist unsterblich, unverwundbar, über die Maßen schön - eben verklärt, so wie drei seiner Jünger ihn schon einmal für ganz kurze Zeit auf dem Berg Tabor sehen durften.

Eine solche Auferstehung verheißt Jesus all denen, die an ihn glauben. Also eine Auferstehung und Verklärung des Leibes, nicht bloß ein Fortbestehen der Seele. Daß dies geschehen wird, wissen wir sicher aufgrund unseres Glaubens an die Verheißungen des Herrn. Wie dies aber geschehen wird, das entzieht sich vollends unserem Vorstellungsvermögen. Der Apostel Paulus ringt in einem ganzen Kapitel mit dieser Frage; ich empfehle es Ihrer aufmerksamen Lektüre: 1 Kor 15. An anderer Stelle schreibt er, daß „Jesus Christus „unseren armseligen Leib verwandeln wird in die Gestalt seines verherrlichten Leibes, in der Kraft, mit der er sich alles unterwerfen kann." (Phil 3,21)

4. Es ist noch eine dritte Überlegung erforderlich: Sie betrifft mögliche Zweifel angesichts unseres von Schwachheit und Behinderungen geprägten Körpers. Die Einheit von Leib und Seele ist in unserem irdischen Leben gewissermaßen gestört. Die Seele soll sich im Leibe ausdrücken, aber sie vermag dies nicht in aller Vollkommenheit. Krankheiten und Behinderungen machen dies offensichtlich. Wenn ein Mensch zum Beispiel Krebs hat, dann wuchern gewisse Körperzellen und verformen den Leib; die Seele hat dann keinen Einfluss mehr auf diese Körperpartien. Mit zunehmendem Alter wird die Leib-Seele-Einheit immer brüchiger; irgendwann bricht sie ganz auseinander - der Mensch stirbt, sein Leichnam verwest. Dies alles ist Folge der Sünde. Wenn wir in der Taufe mit Christus der Sünde gestorben sind, dann dürfen wir zuversichtlich hoffen, daß unser Auferstehungsleib all diese Gebrechen nicht mehr haben wird, sondern in einmaliger Schönheit und Herrlichkeit eine vollkommene Einheit mit unserer Seele eingehen wird.

Das ist unser christlicher Glaube und unsere Hoffnung. Diese Offenbarung ist in der Welt wirklich etwas Neues, nie Dagewesenes. Sie sagt uns nichts Verrücktes, sondern etwas, das uns den Sinn unseres leiblichen Lebens verstehen lässt, wenn auch auf eine Weise, daß wir von selbst nie darauf gekommen wären. Unausdenkbar, unerfindlich und gerade deshalb so glaubhaft.

19. Teil: Ich glaube an das ewige Leben (I)

Liebe Gemeinde!

Wenn der Priester sagt „Gelobt sei Jesus Christus!“, so antworten wir ganz automatisch: „In Ewigkeit. Amen.“ Dem altehrwürdigen Gruß folgt gewohnheitsmäßig eine Antwort, die uns sozusagen in Fleisch und Blut übergegangen ist - so sehr, daß wir ihren geistigen Gehalt oft gar nicht mehr bedenken. Darum möchte ich heute über den letzten Glaubensartikel sprechen, in dem es heißt: „Ich glaube an das ewige Leben.“

Viele von Ihnen wissen vielleicht, daß Karl Marx das Christentum verunglimpft hat; es sei Opium fürs Volk. Opium vernebelt die Sinne. Wer Opium nimmt, spürt seine Schmerzen und seine Lasten nicht mehr; er wird abgelenkt von den Sorgen des Alltags und fühlt sich in eine himmlische Stimmung versetzt. Karl Marx meinte, das Christentum habe dieselbe Wirkung auf die Seele der Menschen, genauer: der Glaube an das ewige Leben habe diese Wirkung. Denn so werde der Mensch auf ein besseres Leben nach dem Tod vertröstet und könne so leichter und geduldiger ertragen, was in der Lebenszeit an Unrecht geschieht. Wer den Menschen einrede, sie dürften auf ein ewiges Leben hoffen, der nehme ihnen die Kraft zum Widerstand gegen ungerechte Verhältnisse und stabilisiere so das herrschende Unrecht.

In den siebziger und achtziger Jahren fühlten sich viele Theologen durch dieses Argument herausgefordert und reagierten darauf, indem sie die politische Dimension des christlichen Glaubens betonten. Der Christ glaube nicht nur an die Erlösung vom ewigen Tod, sondern auch an die Befreiung von zeitlicher Unterdrückung. Die Befreiungstheologie übernahm die Marxsche Rede vom Klassenkampf und ließ sich auch von der Idee eines Paradieses auf Erden leiten. In der Folge wurde immer weniger von der ewigen Seligkeit gesprochen - man wollte ja nicht bloß vertrösten, sondern echten Trost geben - und dafür wurde die politische Aufgabe bewußt gemacht, die Unterdrückten zu befreien und Solidarität mit den Armen zu zeigen.

Wir leben nun eine Generation später und müssen etwas Merkwürdiges, ja Schreckliches feststellen: Die Politisierung und Ethisierung hat offenbar dem allgemeinen Glaubenszustand nicht gut getan. Nachdem sie anfangs junge Menschen in Scharen begeistert und jedes Jahr Tausende von Schülern zum Studium der Theologie motiviert hat, scheint sie nun ihre Kraft aufgebraucht zu haben und lockt heute kaum noch einen Menschen. Was ist da geschehen?

Mir scheint, daß dieses ernüchternde Ergebnis zeigt, daß etwas im Ansatz falsch war. Aus Angst vor dem Opium-Vorwurf wollte man möglichst wenig vom ewigen Leben sprechen. Aber damit beraubte man die Gläubigen einer unersetzlichen Kraftquelle. Denn nur wer sich bewußt ist, daß er eines Tages vor dem ewigen Richter Rechenschaft für sein Leben ablegen muß, der läßt sich zu dauerhaften Taten der Nächstenliebe ermuntern, zu einem opferbereiten Leben. Mitleid allein vermag solche Kraft nicht zu geben. Gewiß - wer im Fernsehen Bilder einer Katastrophe sieht, der läßt sich leicht zu einer Spende anspornen. Aber dann kommt wieder der Alltag. Ähnlich ist es mit der Empörung gegen herrschendes Unrecht. Gerade junge Menschen haben ein ausgeprägtes Unrechtsbewußtsein und können eine Zeitlang zum ethisch-politischen Engagement motiviert werden. Aber die wenigsten können ihren Idealismus ein Leben lang durchhalten.

Wir können diesen Zusammenhang an den ehemaligen 68er Revolutionären studieren. Die meisten von ihnen haben sich mit dem einst so verachteten bürgerlichen Leben arrangiert, etliche haben Kompromisse mit der Macht geschlossen. Heute vertreten grüne Politiker Meinungen und beschließen Maßnahmen, gegen die sie vor 30 Jahren auf die Straße gegangen sind. Ein anderer kleinerer Teil hat solche Kompromisse nicht geschlossen und kämpft weiterhin gegen das Establishment - nun aber nicht mit jugendlichem Idealismus, sondern mit Verbitterung gegen die angeblich unpolitisch gewordene Jugend.

Aber nicht nur die einstigen Revolutionäre sind müde geworden, unser Volk insgesamt hat sich weitgehend ins Private zurückgezogen und gibt sich dem Vordergründigen und Kurzweiligen hin. Das betäubende Opium scheint nun von einer ganz anderen Quelle auszugehen, vom Fernsehen und von der Freizeitindustrie.

Was ist mit den Christen in unserem Lande? Was würde Karl Marx uns heute ins Stammbuch schreiben? Ich fürchte, er müßte heute erst recht beklagen, daß die meisten wollen, daß alles so bleibt, wie es ist, nämlich die ungerechte Verteilung der Güter. Aber heute dürfte deutlicher als vor 150 Jahren sein, daß es nicht der ferne Trost des ewigen Lebens ist, der die Christen lähmt, sondern im Gegenteil: weil sie das ewige Leben gar nicht mehr vor Augen haben, darum haben sie sich so wunderbar mit der kapitalistischen Lebensweise arrangiert.

Warum neigen junge Leute heute dazu, unpolitisch zu sein? Weil sie weniger moralisch sind als die Generation vor ihnen? - Das müssen sie sich von manchen Lehrern in den Schulen heute anhören, von Altachtundsechzigern, die als Staatsbeamte in bürgerlicher Sicherheit leben, aber die fehlende Solidarität der

Jungen beklagen. Ich kann verstehen, daß sich die Jugendlichen gegen solche Beschuldigungen wehren, wo ihnen doch weit weniger Chancen offen stehen als ihrer Elterngeneration. Und ich kann auch verstehen, daß die Appelle zum politischen Engagement bei ihnen nicht so recht ankommen, denn sie müssen sich überfordert fühlen, weil ihre menschliche Kraft allein nicht in der Lage ist, das allgemeine Unrecht zu beseitigen.

Worauf es also ankommt, ist, die übernatürliche Kraftquelle neu zu erschließen, die uns erst dazu befähigt, das zeitliche Leben auf ein Ideal ausgerichtet zu halten. Diese Quelle besteht im Glauben an das ewige Leben. Es gibt uns den absoluten Maßstab an die Hand, das ständige Korrektiv für unsere Entscheidungen; wer an das ewige Leben glaubt, der weiß, daß es einen gerechten Gott gibt. Weder Mitleid noch Empörung reichen aus, um die guten Kräfte im Menschen zu erwecken und am Leben zu erhalten. Nur ein ewiges Leben, das nicht in die Ferne gerückt ist, sondern das jeden Tag als gegenwärtig erfahren werden kann, gibt uns die Kraft, in der Zeit recht zu leben.

Darum wird es wieder Zeit, von Gott zu reden, von seiner Gegenwart in der Kirche und davon, daß ich mich mit jeder einzelnen Entscheidung auf den Himmel oder auf die Hölle zu bewege. Dieser Glaube ist kein Opium, sondern ein Heilmittel gegen Blindheit und Erschlaffung.

20. Teil: Ich glaube an das ewige Leben (II)

Liebe Gemeinde!

In der letzten Predigt habe ich vom ewigen Leben gesprochen, aber nicht sehr viel Inhaltliches darüber gesagt. Es ging mehr um die Frage, warum überhaupt vom ewigen Leben gesprochen werden soll; aber worin es eigentlich besteht, habe ich nicht gesagt.

Stellen Sie sich einmal vor, Sie bekommen eine Einladung, in der es heißt: „Sehr geehrter Herr..., sehr geehrte Frau..., wir laden Sie zu einem Hochzeitsessen ein. Wir versprechen Ihnen ein unbegrenzt langes Vergnügen. Nehmen Sie sich bitte unendlich viel Zeit mit, denn die Feier hört niemals auf!" - Ich bin ziemlich sicher, Sie würden nicht dorthin gehen. Der Gedanke an ein Vergnügen, das kein Ende mehr hat, das kein „Danach" kennt, schreckt uns mehr als er uns anzieht.

Hat uns Gott etwa eine solche Einladung geschickt? - Ich kann darauf weder mit einem glatten JA noch mit einem klaren NEIN antworten. Die Schwierigkeit der Antwort fängt schon beim Begriff „Ewigkeit" an. Meistens stellen wir uns darunter eine unbegrenzt lange Dauer vor: „immer und ewig", „ohne Ende". Aber Ewigkeit ist nicht unendlich lange Zeit, darum müßte man eigentlich mit „Nein" antworten. Gott, der allein ewig ist, steht überhaupt nicht in der Zeit, sondern er besitzt sein Leben in ständiger, nicht verfließender Gegenwart. Gott ist die Fülle des Lebens - eben weil er nicht der Zeit unterworfen ist und darum nicht warten muss, bis ihm etwas gegenwärtig wird, oder sich mühsam an etwas erinnern muss, was seiner Gegenwart entglitten wäre. Für Gott ist alles Gegenwart, nichts ist für ihn vergangen, und nichts steht für ihn als noch kommend, zukünftig aus.

Die Berufung zum ewigen Leben bedeutet also nicht die Verlängerung unserer Lebenszeit ins Unendliche. Sie bedeutet vielmehr, daß wir teilhaben sollen an Gottes unerschöpflicher Lebens- und Liebesfülle. Das Bild vom Hochzeitsmahl ist dafür eben nur ein schwaches Bild. Ein Bild, das anknüpft an die schönsten Augenblicke unseres Lebens, von denen wir manchmal gerne wie Faust sagen: „Verweile doch, du bist so schön!" Und gewiß ein viel besseres Bild als die Karikatur vom Münchner im Himmel, der ständig „Halleluja" rufen soll und dabei furchtbar genervt ist. Eine bloße Verlängerung selbst der schönsten Augenblicke unseres Lebens ins Endlose ruft den Schrecken der Langeweile wach.

Woran liegt das? Was ist eigentlich Langeweile? Das Wort sagt es schon: eine lange Weile, eine Dauer, die bloß auseinander gezogen, aber nicht gefüllt ist, im Grunde eine leere Weile. Langeweile stellt sich immer dann ein, wenn die Zeit, die einem gegeben ist, ohne Spannung und ohne Erwartung ist, eine quasi tote Zeit. Wo der Mensch echt lebt, da ist ihm die Langeweile fremd. Aber Leben heißt für den Menschen zuallererst Lieben. Nur die Liebe füllt unser Herz wirklich aus, und ein erfülltes Herz freut sich an der Gegenwart des Geliebten, ohne auch nur einen Moment Langeweile zu empfinden. „Wo die Liebe ist, da ist Gott." „Gott ist die Liebe."

Ewiges Leben heißt: aus der Quelle der Liebe selbst schöpfen, immer neu, immer überraschend, nie alt oder müde werdend, nichts vermissen: hingerissen sein vor Glück, das niemals droht zu entschwinden.

Gott allein kann uns dieses nie aufhörende Glück schenken: durch seine ewige Gegenwart. Kein Mensch kann es uns geben, höchstens im Sinne eines schwachen Abglanzes. Nur Gott kann unser Herz ganz ausfüllen; „unruhig ist unser Herz, bis es ruht in Gott." (AUGUSTINUS) Und dennoch fragen wir: Werden wir unsere Lieben im Himmel wiedersehen? Es wäre theologische Besserwisserei, darauf zu antworten: „Wenn du einmal bei Gott bist, wird es dich nicht mehr interessieren." Aber es wäre auch töricht zu sagen: „Gerade darin besteht der Himmel: daß wir einander wiedersehen." So als ob Gott nur das Mittel wäre zum Zwecke der Wiederherstellung menschlicher Gemeinschaft. Menschliche Gemeinschaft als Selbstzweck - ohne Gott - hat keinen Bestand, sie nimmt unweigerlich die Gestalt der Hölle an.

Ja, wir werden unsere Lieben im Himmel wiedersehen, denn Gott interessiert sich ja selbst für uns Menschen. Darum läßt er auch unsere Liebe zum anderen zu sowie auch unsere Liebe zur Schöpfung, zu den vielfältigen geschaffenen Dingen - neidlos gütig. Dazu ein Gleichnis, das ich kürzlich in einem Buch fand:

„Gott ist wie ein Landherr, ein Vater mit vielen Kindern, mit einem riesigen Land und einem wohnlichen Haus. Die Kinder lieben den Vater und sind gerne bei Ihm im Haus, sie lieben aber auch das Leben in den grandiosen Länderein, die ihnen der Vater bereitet hat. Der Vater hat jedes Kind gerne bei sich im Haus wohnen, hat es aber auch gerne, daß es sich des Landes erfreut. In freudiger Erregung zieht es aus, in freudiger Befriedigung kehrt es heim. Aber immer - auch in den fernsten Ländern und im einnehmendsten Abenteuer - ist es im Reich des allherrschenden Vaters. Im Haus des liebenden Vaters ist unentwegtes Heimkommen und Fortgehen und wieder Heimkommen jedes Kindes."

Langeweile gibt es nicht im Himmel, sondern nur auf der Erde, wo wir nicht Herren unserer Zeit sind, wo alle Dinge altern und ihren Glanz verlieren. Auch gibt es dort keine Bosheit und keinen Egoismus, keinen Neid und keine Angst, zu kurz zu kommen. Aber all das gibt es hier, auf dieser Erde, freilich nicht überall im gleichen Maße. Schon jetzt können wir etwas vom himmlischen Glück erfahren und etwas von der höllischen Einsamkeit. Unsere Welt ist wie ein Weizenfeld, das von Unkraut durchzogen ist, ja, jeder Mensch hat in sich das Gute und das Böse. Aber gerettet werden kann nur das Gute, das Böse muß abgelegt werden wie ein schmutziges Kleid. Wir bedürfen der Reinigung und Läuterung, um in den Himmel zu kommen, denn dort kann nichts Unvollkommenes sein. Selbst ein kleines Fitzelchen Mißtrauen würde dort das Glück der Seligen zunichte machen.

Weil das so ist, muß es ein Fegefeuer geben, besser: eine Phase der Läuterung für alle, denen es im irdischen Leben nicht gelungen ist, vom Bösen in jeder Gestalt Abschied zu nehmen. Je mehr wir schon jetzt Gott in unser Leben einbeziehen, desto leichter wird uns der Übergang ins ewige Leben fallen. So möchte ich schließen mit einem Spruch der hl. Theresia von Avila:

„Nichts soll dich ängstigen, nichts dich erschrecken. Alles geht vorüber. Gott allein bleibt derselbe. Alles erreicht der Geduldige, und wer Gott hat, der hat alles. Gott allein genügt.“

Printed by Books on Demand GmbH, Norderstedt / Germany